柯比·布萊恩

KOBE BRYANT

曼巴精神

THE MAMBA MENTALITY
HOW I PLAY

前言　**保羅・蓋索 PAU GASOL**
序　**菲爾・傑克森 PHIL JACKSON**
攝影與後記　**安德魯・D. 伯恩斯坦 ANDREW D. BERNSTEIN**

遠流出版公司

還記得，小時候第一次拿到籃球的情景。

我好喜歡那顆球在手上的觸感。我太愛那顆球了，我捨不得使用它，不想讓它在地上彈跳，
因為我不想傷了球面上一粒一粒的皮質，不想傷了那些完美的溝槽。我不想毀掉這樣的觸感。

我喜歡籃球的聲音，喜歡它觸及地面時發出的碰、碰、碰。
這種清脆，這種可預期性，就是生命與光明的聲音。

就是因為這些原因，所以我愛籃球，深愛這項運動。
這些原因，深深扎根在我的一切歷程與技藝的核心。
正是因為它們，所以我才走過了我所經歷的一切，投注了我所投注的一切，
並且盡我所能探掘到籃球運動的最深處。

追本溯源，都要回歸到小時候愛上的那種特別聲響：碰、碰、碰……

獻給下一代偉大的球員

祝福你們，透過了解其他人走過的路程，能夠創造自己的方向，並且找到力量的泉源。

你們要超越我。

——KB

獻給我的家人，謝謝你們愛我、支持我、忍耐我。

——ADB

ACKNOWLEDGMENTS · 致謝

若沒有我太太范妮莎，我的故事、我的事業、我的獻身投入就不可能成真。

謝謝妳的陪伴，謝謝妳的耐心，還有妳和我不相上下的好勝心。妳是我最棒的隊友。

納塔麗雅、吉安娜、碧安卡，我希望這本書能啟發妳們的想法，讓妳們形成自己的「精神」（Mentality）。

妳們超乎一切，妳們每個人都是我的喜悅，我的驕傲。

感謝名人堂攝影師安德魯·伯恩斯坦。這麼多年來他的鏡頭無人能比，他將攝影技術推昇到極致。

一位攝影師，一個球員，一支球隊，20年歲月。

沒有他的作品，這個故事就失去了完整的生命。

Tzvi Twersky夜以繼日，幫我磨練戰技，找到詞句精準表達出《曼巴精神》。

謝謝你，你把技術與歷程，都教導了下一代球員。

保羅和菲爾，你們刺激我拿出最好的表現。我由衷盼望你們能繼續教育未來的運動員，

使他們無論夢想在哪裡，都能成就最好的自己。

特別感謝洛杉磯湖人隊的Rob Pelinka；WME的Jay Mandel與Josh Pyatt；Melcher Media的Charles Melcher與Chris Steighner；Sloane Offer, Weber and Dern, LLP的Darin Frank；還有柯比公司的團隊成員 Molly Carter、Rita Costea、Matt Matkov、Jay Wadkins等人。

——KB

柯比，謝謝你的信任，還有過去20年跟拍的奇妙歲月及樂趣。感謝NBA Photos的Joe Amati和David Denenberg。感謝Getty Images的Carmin Romanelli。也謝謝Kelly Ryan和Gail Buckland。

——ADB

國家圖書館出版品預行編目資料

曼巴精神 / 柯比.布萊恩(Kobe Bryant)著；蔡世偉譯. -- 初
版. -- 臺北市 : 遠流, 2019.02
　面； 公分
譯自 : The mamba mentality : how I play
ISBN 978-957-32-8419-2(精裝)

1.布萊恩(Bryant, Kobe, 1978-) 2.運動員 3.職業籃球

785.28　　　　　　　　　　　　　107021124

曼巴精神

The Mamba Mentality: How I Play

作　　者　柯比・布萊恩（Kobe Bryant）
譯　　者　蔡世偉
行銷企畫　許凱鈞
責任編輯　陳希林
封面設計　賴姵伶
內文構成　6 宅貓

發行人　王榮文
出版發行　遠流出版事業股份有限公司
地址　臺北市南昌路 2 段 81 號 6 樓
客服電話　02-2392-6899
傳真　02-2392-6658
郵撥　0189456-1
著作權顧問　蕭雄淋律師

2019 年 03 月 01 日　初版一刷
原價　精裝新台幣 1280 元
特價　精裝新台幣 999 元
如有缺頁或破損，請寄回更換
有著作權 ・ 侵害必究　Printed in Taiwan
ISBN 978-957-32-8419-2
Ylib 遠流博識網 http://www.ylib.com　E-mail: ylib@ylib.com

CONTENTS

二〇〇八年二月，我的生命改變了。

那天是我球員生涯的關鍵時刻，也深深影響了我在體壇之外的人生。我的道路，與史上最偉大的籃球員之一，交會了。

我得知曼菲斯灰熊隊把我交易到洛杉磯湖人隊之後，不到幾個小時我已搭上飛往洛城的長途班機，前往這個與曼菲斯截然不同的城市。隔天一早，為了完成交易程序，我必須接受體檢。湖人隊正在進行客場之旅，而我迫不急待要與新隊友們並肩作戰，所以體檢一結束，我又立刻飛到華盛頓特區。那天早上，柯比打電話給我，要我抵達麗思卡爾頓酒店時去跟他見個面。等我終於進到飯店房間，已經超過凌晨一點，才沒幾分鐘，有人敲我的房門。就是柯比。對我來說，這真是領袖風範的絕讚表現，而那次的會面立刻就對我產生莫大影響。他要傳達的訊息很簡單：沒有時間可以浪費了，當下就是關鍵，讓我們一起拿一枚冠軍戒指吧。他的心態再清楚不過——贏就對了。

過去讓柯比如此成功、往後必然也會繼續讓他成功的因素之一，就是對細節的注意。他以前總是跟我們說，若要成為一個更好的球員，就要準備、準備，然後再準備得更充足。他對球賽的剖析已經到了另一個境界。我算是一個經常觀看球賽影片的球員，我喜歡看對手最近的比賽，然後想想該如何迎戰，但柯比的境界又往上拉了一個層次。現在回想，簡直就像是昨天發生的事：二〇一〇年總決賽，我們在波士頓，我收到他的簡訊，他叫我到他房裡看幾段影片，以便了解賽爾提克如何防守擋拆，而我們在下一場比賽又該如何應對。我肯定相信，我們之所以能拿下那幾座冠軍，而柯比又能取得這麼多個人成就，關鍵因素正是準備與研究時期對細節的這種重視。

在我全部的球員生涯中，我從沒見過像他這麼堅定追求卓越的球員。他的決心無與倫比。他比我遇過的任何球員都努力，這點不必懷疑。柯比知道，要成為最棒的球員，需要拿出和別人不一樣的做法。記得有一次季後賽前夕，全隊聚在一起參加年度餐敘，我剛好坐在他旁邊。當晚宴會結束，大夥準備離開的時候，他跟我說他要進健身房訓練。雖然我已經很清楚知道，他在球隊的正規練習之外又投入極多時間自主訓練，但當晚他在一個放鬆的情境之下，竟還有如此自律，仍令我相當詫異。當每個人都想著要上床睡覺時，他的腦子告訴他，這正是甩脫競爭對手的時機。

這麼多年來，很多人都在想：跟柯比同隊打球是不是很難？其實真的不難。你唯一要做的，就是弄懂他的出發點、他在乎的是什麼，還有他多麼渴望贏球。他會挑戰同隊的球員與教練，要大家跟上他的訓練強度，跟上他的求勝欲望，每天都展現自己最好的狀態——不只在比賽中，就連在練習時也一樣。柯比想要知道你這人是用什麼強度的材質做出來的，他也想知道他能不能靠你幫他得勝，就這麼簡單。我永遠對他心懷感恩。他幫助我表現出一個籃球員最佳的一面，也讓我成為一個更強大的人。對我來說，跟他相處的時間是無價之寶。

我在家中排行最長，所以從小就努力做兩個弟弟的榜樣，在他們需要受挑戰時挑戰他們，在他們值得嘉許時稱讚他們。可是對我來說，柯比就像是我的大哥。他會直言告訴我真相，從來不會拐彎抹角講些委婉的好聽話；他不斷給我挑戰，讓我無時無刻拿出最佳表現。光彩的時候是這樣，艱難的時候更是如此，我們之間的羈絆越來越堅強，我們也永遠彼此相挺，一如手足。

請你好好享受這本超棒的書，它的內容呈現出我上面提到的一件事：一個超凡之人的許多特質。我敢肯定，你一定會深深受到啟發。

——保羅・蓋索（PAU GASOL），2007–2008，2008–2014，隊友

警告：花時間讀這本書，
就是踏上一趟高階籃球的冒險之旅。

這本書絕對會讓你深入理解柯比對籃球運動的全心投入，以及他對細節的重視。一個人有天賦是一回事，但擁有「學習一切細節」的驅動力量，這又是另一回事。據說發明籃球運動的詹姆士・奈史密斯（James Naismith）曾經說過：「要打籃球很容易，要精通籃球就難了。」這本書就是一扇窗，打開它，讓讀者窺見一位籃球大師的內心世界。如果你有心的話，透過本書傑出的照片（出自攝影家安德魯・伯恩斯坦），再加上書裡主人翁柯比的智慧，也許這本書能夠讓你的籃球打得更好。

柯比帶著「我要成為史上最偉大球員」的才華及慾望，進入了NBA。他以毅力及全心的投入，達成了這個目標。湖人這支歷史悠久的球隊給了他觀眾與平台，但他的高度成就，全然來自內心。

我跟柯比在一九九九年首度會面，地點是比佛利山莊的希爾頓飯店，就在我正式對外宣布成為湖人隊總教練的當天。下樓到大廳面對大批媒體之前，我跟柯比一起待在飯店套房，他急著想要讓我知道：他很高興可以利用三角戰術這個系統來打球，而且他對這個戰術已經知之甚詳了，因為他早就是「球賽的學生」，徹底研究過這套進攻系統的各種不同面向。他就是這樣，當時他才二十歲，講起話來卻好像已經打了十年職籃。

根本上，三角進攻需要高度紀律，而且有它的限制在，球員不會有太多發狂砍分的空間。那是一套已經規劃好的、設定好的打法：把球推進到前場，找尋提早出手的機會。倘若沒有機會，就建立起三角，去解讀防守方如何反應，再用強項來攻擊對手的弱項。我的兩個雙胞胎兒子只比柯比小一歲，所以當年的我應該頗了解在那個年紀的年輕人，他們說話到底算不算話，以及他們對於眼前任務的專注力是高還是低。在執教芝加哥公牛隊期間，我有幸帶到其他幾位球員，他們說著跟柯比一樣的話，然而只有柯比忠於他自己的話，認真當一個「球賽的學生」，而且他的年紀這麼輕！

那年季前熱身賽的第一場，柯比就弄傷了腕骨，因此一開季就錯失了十四場比賽。雖然沒有他在陣中，我們那年的起頭還是不錯。我本來還擔心，他需要一段適應期來融入球隊，結果完全沒有問題。他的第一優先就是幫助球隊獲勝，於是我們繼續拉出長紅。

柯比傷癒歸隊之後大約一個月，知名老球員傑瑞・威斯特（Jerry West）打電話給我，他想要告訴我一段他跟柯比的對話。原來柯比打電話問他的經驗：在一九六〇年代如何跟同隊隊友艾爾金・貝勒（Elgin Baylor）分享球權，同時又能每場得分破三十。傑瑞稍微套了幾句話，柯比才坦承，他擔心個人拿下的分數不足以讓自己成為「史上最偉大的球員之一」。柯比這樣使我有點擔心，我身為教練，在乎的不是哪個球員得了幾分，我只在乎計分板上的最終比數。但柯比清楚自己的砍分能力，所以覺得他受限於球隊進攻體系。當然，他身體內的驅動力可不是開玩笑的——他的生涯總得分高達三萬三千六百四十三分，超越麥可・喬丹，僅次於卡爾・馬龍（Karl Malone）與卡里姆・阿布都・賈霸（Kareem Abdul-Jabbar）。

那一年，柯比跟朗・哈潑（Ron Harper）在後場打一個雙衛組合。他們要負責「把局佈好」——若快攻不成，第二波受限，就建立起三角進攻系統。想當然爾，挑戰自我極限的誘惑總是存在，而柯比有時候也會殺紅眼，他會拋掉原定計畫，為自己創造得分機會。但這樣一來就妨礙了全隊進攻的流暢度。所以我跟他談過，請他不要隨便接管比賽。我們也一起研究影片，把重點放在控球後衛可以透過哪些技巧，讓自己成為優秀的攻擊發起人。現在回頭想想，柯比對我真的很有耐心，我對他當然也一樣。我們彼此

容忍，也因此漸漸了解到，若要贏得眾人垂涎的總冠軍，我們整支球隊必須有多麼嚴格的紀律。雖然柯比很愛得分，但他永遠知道（或許是靠直覺感受到）當下該怎麼做，對球隊最為有利。

過去兩季，湖人隊一直擔任配角，贏了一堆比賽，卻連續兩年在季後賽慘遭橫掃。當然，這種不利戰績會帶來壓力，而柯比挺住了這些壓力，一次次拿出絕佳表現。湖人連續三年奪冠，擺脫了表現不佳的污名。每一年都很有戲劇張力，到處可見到令人難忘的比賽與時刻。柯比是推動球隊的力量，而「俠客」歐尼爾（Shaquille O'Neal）則是進攻的主軸。我們總是喜歡這麼說：「把球丟給那個大個兒。」這群湖人隊球員在五年之內四度叩關總冠軍賽，建立了一個王朝。

在籃球生涯的下一個階段，柯比成熟了。「歐布連線」的時代結束，其他先發球員也先後因為退休或交易離開，柯比成了球隊的老大哥。也許因為別無選擇，柯比成了隊上的主力以及名義上的領袖。領袖不是那麼好當的，尤其當你知道自己帶領的這班人馬可能沒有奪冠的實力。

剛開始執教湖人隊的某一天，練球之前我跟柯比一起站在場邊看五個球員做射籃比賽。規則是模仿前一個投籃者的動作，並且把球投進，不然就被淘汰。他們要我先暫緩接下來的練球，因為射籃比賽會用到整個三分線，包含兩翼與兩個底角。那天我問柯比，他好勝心這麼強，為什麼不下去跟隊友們比一比？他回答說，他不是個三分射手。不過，接下來的那一年裡，他下定決心修正自己三分線的缺陷，他在休季期間狂練三分球。重點永遠與細節有關。苦練三分線之後，在二〇〇五到二〇〇六年球季，柯比簡直是猛虎出閘，平均單場得超過三十五分，拿下聯盟得分王的寶座。他把自己練成了一台得分機器。

要談柯比的得分紀錄與他的得分能力，我可以講一整天，但柯比球技的進化並不止於此。在比賽或是練球之前，球隊工作人員會在早上八點半先到球館集合，準備當天的行程。很多時候我把車開到現場的時候，柯比的車已經停在我的車位旁了，他就在車上小睡補眠，因為他早就到球館了，或許是在清晨六點，所有人都還沒現身，球隊練習還沒開始之前，他已經做完自主訓練了。球員生涯後半的那十年，這個習慣一直是他的註冊商標。柯比以身作則，為隊友當榜樣。隊友跟不上他——但他樹立的典範總能給他們帶來挑戰。

二〇〇七年，我跟柯比見面討論北京奧運。那支代表隊成員幾乎都是球星，在夏天已經為了奧運賽事一起訓練，後來確實也順利拿下奧運金牌。我當時要告訴柯比的訊息很簡單：如果你在休季期間還要練得那麼猛的話，請記得你的身體有使用期限。我不擔心你練球，你也已熟知系統。比賽與比賽之間，你的身體需要多少恢復的時間，我都可以給你，只要你現身，領袖地位就不會受到動搖。

球隊進行技巧訓練時，他就在一旁接受物理治療，等到競賽型的練習再登場。他會鼓勵隊友，有時甚至擔任第二隊的教練。我親眼見證柯比為了準備賽事而進行極端的訓練，我那時估計他大概還能打五年或六年的職業籃球。結果，他再一次扭轉局面，他延長體能顛峰的決心，超脫了物理定律。在NBA這種超高強度的賽事中，他又多打了將近十年，這也證明了他堅毅的性格。

本書的照片說明了柯比是如何思索球賽的。事實上，柯比面對球賽的方式，也為他生命的下一個階段做好準備。在我看來，他未來生命的趣味與強度，絕不會輸給他在湖人隊打球的生涯。

——菲爾·傑克森（Phil Jackson），1999–2004，2005–2011，教練

PROLOGUES

歷程

在籃球場上，
我無所畏懼。

這句話的意思是：若我想要在球技裡添加一些新招，我會先觀察，然後盡量立刻把新招融入打法裡。我不怕打鐵，我不怕看起來很笨拙，也不怕覺得羞愧。因為我心裡在想的永遠是最後的結果以及長遠的效應。我永遠把焦點放在一個事實上：要學會新招，就必須嘗試。而一旦學會了新招，我的軍火庫裡就多了一把新的武器。如果要付出的代價是大量的努力以及投失的幾球，我可以接受。

我從小就勤練不懈，求的是要在自己的球技中添加新的元素。每當我在某個人身上或是影片裡看到我喜歡的技巧，我就馬上練習，隔天接著又多練一點，然後去球場使用這個技巧。進入聯盟之後，我的學習曲線很短。只要看到一個技巧，我就可以在心中把它下載下來，然後就能靈活運用。

打從一開始，我就下定決心，我要成為最強的。

我無時無刻不渴望著精進自我，成為最強。我從來不需要任何外在的激勵。

菜鳥球季的時候，有些球探報告說我不夠硬。上場第一次切入禁區，防守者把我打下來，自以為給了我一個下馬威。下一球，我故意進攻犯規，就只是為了讓他們知道我不是好惹的。

我要成就偉大，而且我從來不需要別人來催促我。從踏上球場的第一天開始，我就想要成為主宰。我的心態是：我一定會把你看穿，一定會，不管是艾佛森（Allen Iverson）、麥葛瑞迪（Tracy McGrady）、卡特（Vince Carter）——或者，假如我今天還在場上，詹姆斯（LeBron James）、西河（Russell Westbrook）或是柯瑞（Stephen Curry）。我總是要把我的對手看穿。為了做到這一點，為了看透對手的每一步，我可以付出比任何人要多很多的努力。

對我來說，樂趣就在這裡。

BY THE TIME I
REACHED THE LEAGUE,
I HAD A SHORT
LEARNING CURVE.

進入聯盟之後，我的學習曲線很短。

我的重訓
非常經典。

我十七歲那年開始做重量訓練。沒有什麼花巧，就是基本的、經過歲月淬鍊的、一次強化一個肌群的老方法。生涯大半期間，不管球季或暑假，我都會在週一、週二、週四跟週五各進行九十分鐘的重訓。我所謂的重訓，是很硬、很猛、練完感覺不到自己手臂的那種。重訓之後，我會進球場練投。

這些年來，我的菜單可能稍有變動，但中心思想是一樣的。如果某種訓練對那些偉大的前輩有用，如果某種訓練對你有用，何必為了新穎的風潮而改變？堅守有用的練法，不管它受不受歡迎。

我的半夜訓練
已經變成
某種傳奇。

這些訓練是有目的性的,是執念加上現實世界的責任所產生的結果。

我總是想要提早開始自己的一天,這樣每天就可以練得更多。假如我早上十一點開始,練幾個小時,休息幾個小時,大概下午五點到七點可以重回健身房再練一波。但假如從清晨五點開始練到早上七點,就能在早上十一點到下午兩點再練,然後,晚上六點到八點再練第三回。早一點開始,我每天就能多排一段訓練。遇上暑假休季期間,加起來就多了非常多的訓練時數。

同時,早點開始一天也幫助我在「籃球」與「生活」當中取得平衡。小孩早上起床時,我能陪伴她們,而她們根本不知道我才剛剛完成一段訓練。到了晚上,我可以哄她們上床睡覺,接著再用自己的時間訓練,而不是跟她們相處的時間。

我不願意犧牲球技,我也不願意犧牲與家人共處的時間。所以我決定犧牲睡眠,就是這麼簡單。

STARTING EARLY HELPED ME
BALANCE BASKETBALL AND LIFE.

早點開始一天,幫助我在籃球與生活當中取得平衡。

研究影片的
重點，
就是細節。

打從年輕的時候——非常年輕的時候——我就大量觀看籃球影片，凡是能看到的都看。我一直覺得這樣很有趣。畢竟，有些人喜歡觀賞手錶的外型，有些人則樂於了解手錶的運作原理。

我一直喜愛觀看、研究，然後提出最重要的問題：為什麼？

可是，隨著時間改變最多的一點是：我從注意影片裡有的東西，改為注意影片裡沒有、但應該要有的東西。我從注意發生的事，改為注意可能發生，或是本來應該發生的事。到最後，研究影片時除了觀察有限的細節之外（為什麼某些做法可行，某些做法不可行），更重要的是一面看一面想像：還有哪些選擇？還有哪些替代的打法？還有哪些應對的方式？

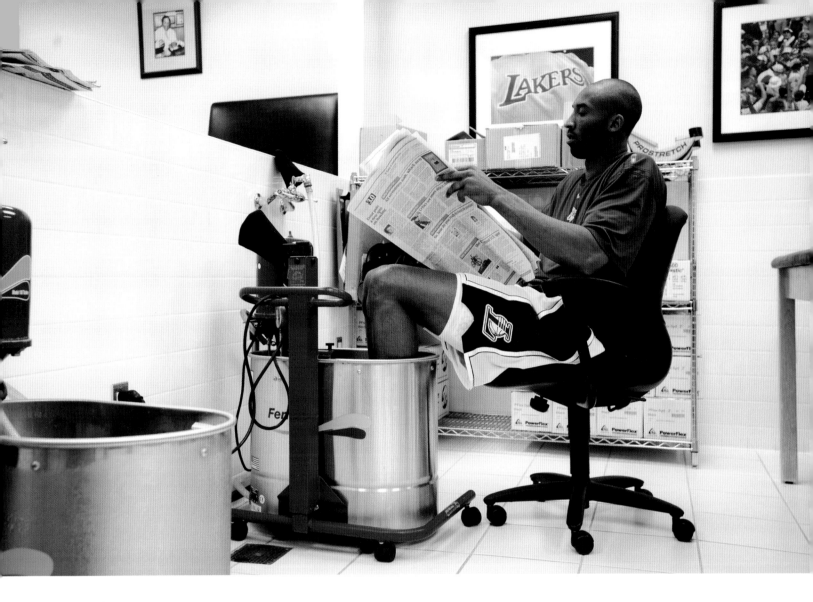

我不只
鍛鍊身體
——我也鍛鍊心志。

要意識到籃球場上發生的種種細微變化，唯一的做法就是在場下也同樣訓練自己的心思，專注在日常生活中的所有細節。透過閱讀，透過在課堂上專注，在練球時投入注意力，再透過努力，我增強了我的專注能力。透過這一切事，我加強了我自己「專注於當下」的能力，心思不再游移不定。

跟閱讀同樣重要的是，我與偉大前輩之間建立了極為深厚的情誼。請看看我退休那天有哪些人出席吧，這樣你就能了解，為什麼我的球衣可以高掛在湖人主場。比爾·羅素（Bill Rusell）、卡里姆·阿布都·賈霸、魔術強森（Magic Johnson）、傑瑞·威斯特和詹姆斯·沃錫（James Worthy）都參加了我的退休典禮。這些前輩教我的東西，讓我在面對競爭對手時擁有很大的優勢。正因如此，我相信這些良師對我來說無比重要。你也能仰望這些北斗星，向他們學習。

需要亢奮的時刻，我會聽重節奏的音樂。

IF I NEEDED TO GET KEYED UP,
I LISTENED TO HARD MUSIC.

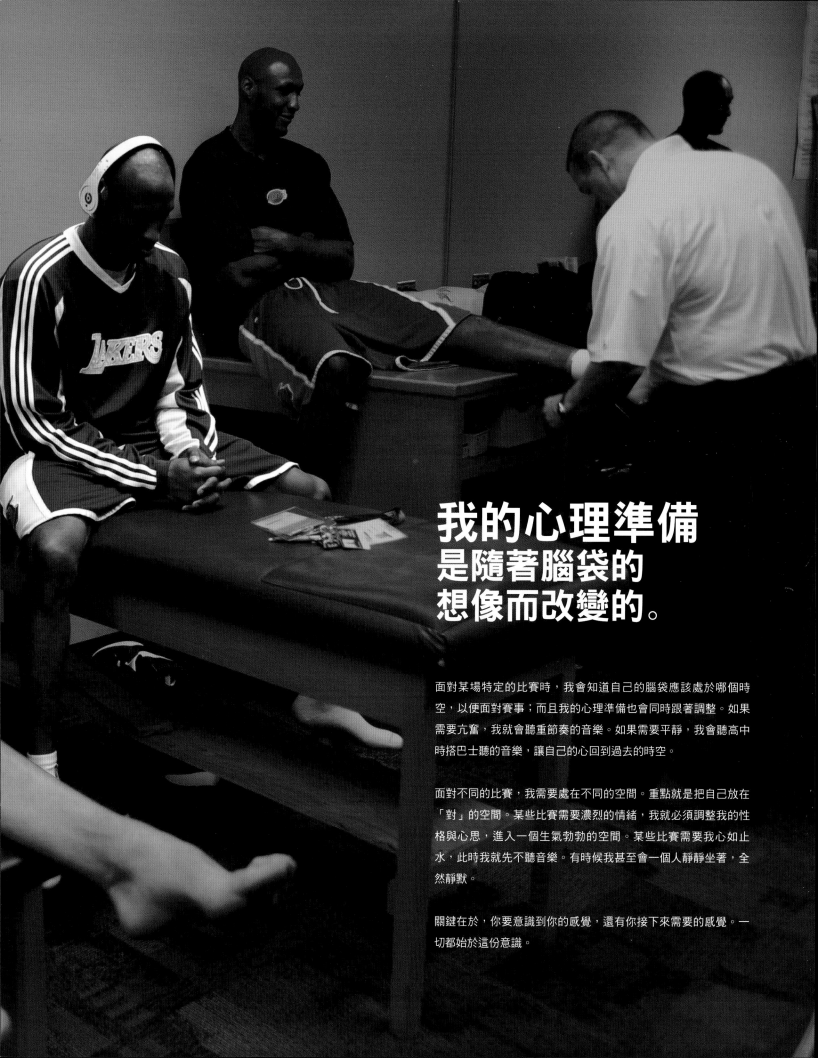

我的心理準備
是隨著腦袋的
想像而改變的。

面對某場特定的比賽時，我會知道自己的腦袋應該處於哪個時空，以便面對賽事；而且我的心理準備也會同時跟著調整。如果需要亢奮，我就會聽重節奏的音樂。如果需要平靜，我會聽高中時搭巴士聽的音樂，讓自己的心回到過去的時空。

面對不同的比賽，我需要處在不同的空間。重點就是把自己放在「對」的空間。某些比賽需要濃烈的情緒，我就必須調整我的性格與心思，進入一個生氣勃勃的空間。某些比賽需要我心如止水，此時我就先不聽音樂。有時候我甚至會一個人靜靜坐著，全然靜默。

關鍵在於，你要意識到你的感覺，還有你接下來需要的感覺。一切都始於這份意識。

YOU HAVE TO HAVE AN UNDERSTANDING CIRCLE OF FAMILY AND FRIENDS.

你必須有一群體諒你的家人與朋友。

如果你真的想要精通某件事，那麼你得真心想要。如果你想要在某個特別領域成就偉大，你必須執著下去。很多人都說自己想要偉大，但為了成就偉大，必須犧牲一些事，而他們卻不願意犧牲。他們因為其他的思慮分神了，不管這些思慮是否重要。其實這也沒什麼。畢竟，偉大本來就不是屬於每個人的。

我想說的是，成就偉大，並不是件簡單的事。需要很多時間，很多犧牲。會伴隨著很多艱難的抉擇。連你愛的人都需要一起做出犧牲，所以你必須有一群體諒你的家人與朋友。一般人都不了解，為了讓一個人追求成就偉大的夢想，需要多少人一起投入多少的努力。

「堅持要精進自己的技藝」與「花時間陪伴家人」，這兩者之間有一份很難拿捏的平衡，有點像在走鋼索。你的雙腿顫抖，想找到重心。若你發現太偏某一邊，這時就會刻意往另一邊傾斜，結果矯枉過正，為了修正只好再傾回本來的那一邊。這支舞就是這樣跳的。

光走直線，無法通往偉大。

我尊敬那些成就偉大的人，也尊敬那些正在追逐著這個飄渺目標的人。

我總是從
靠近籃框的地方
開始練。

我會先從距離近的地方開始，找出手感。每一次都是這樣。每一次。無一例外。喚醒我的肌肉記憶。然後再離籃框遠一點，練個幾球，再靠近籃框，重複這個程序。接著，我會針對當晚可能遇到的情境來做訓練。我會先帶著自己的身體走一趟球探報告，讓身體憶起之前做過成千上萬次的動作。

我並沒有一套固定的練球內容，沒有每一晚都非練不可的公式。我只是聆聽身體的聲音，讓它告訴我該怎麼熱身，因為永遠都有變數。若覺得需要多練幾記跳投，我就會多投幾球。覺得需要靜坐冥想，我就靜坐冥想。覺得需要延長拉筋的時間，我就拉久一點。而如果我感覺到需要休息，我就去睡。我永遠傾聽身體的聲音。我能給你最好的建議就是：聆聽你的身體，讓你的熱身有目的。

我很喜歡大彩抵達之前，球場裡的那份寧靜與安詳。

I ALWAYS LIKED THE PEACE AND CALM OF THE ARENA BEFORE EVERYONE ELSE GOT THERE.

只有我跟籃框，只有球場，跟我的想像，我的夢。身處空無一人的大球場，有一種很特殊的感覺。是一種超脫的感覺，也幫助我準備好上場比賽。每當我從球員通道慢跑出來，球迷的尖叫差點把屋頂掀翻了，但這些噪音對我毫無影響。在心底，我仍記得球場稍早的靜謐時刻。我把這份平靜隨身帶著。

我可以跑一整天。

要成為一個偉大的籃球員，你必須擁有頂尖的體能。很多人只會嘴上談論著各種花巧的訓練方式，但我就是發狠地練，確保我的雙腿跟心肺保持顛峰狀態。

我練心肺時，把重點放在恢復時間——也就是說，兩次疾衝之間，身體需要的休息時間。我這麼重視恢復時間的原因是，籃球這項運動需要球員全力短程衝刺，接著有一小段時間恢復，然後再次衝刺。我想要確保我的身體永遠為下一波衝刺做好準備。

具體的做法是，我在跑道上進行大量的計時訓練，而且逐步縮短每一組動作之間的休息時間。整個休季期結束後，我的恢復時間將趨近於零。

我是個發問狂。

我充滿好奇心。我想要精進，想要學習，把整個腦子塞滿籃球運動的歷史。不管是誰——教練、隊友、名人堂成員。不管在哪裡——比賽、練習、休假。我會一個問題接著一個問題，狂問。

很多人了解我是一個充滿好奇、充滿熱情的人。很多人了解，我不是為了發問而發問，我是真心渴望聽到他們的答案，從他們的答案中攫取新的資訊。不過，也有些人沒那麼了解，也沒那麼親切。對我沒差。我的作風一向是，寧願現在因為發問而丟臉，也不要以後因為手上沒有冠軍戒指而丟臉。

做就對了。

對於日常訓練，我從不多想。那不是「要」或「不要」的選擇。而是，如果想要打球，就必須這樣。所以我就是到場，然後訓練。

我的訓練程序很硬。很早起床，很晚睡覺，要拉筋、重訓、練球、修復以及影片研究，需要投注非常多的心力與時間。沒開玩笑──真的超累。正因如此，許多選手在球季期間會減少訓練量。他們想要保存體力。但我的做法不是這樣。沒錯，我知道每天這樣練，會非常費力，但這樣能讓我變得更強壯，也讓我為球季與季後賽的緊湊賽程做出更好的準備。

有時候我真的練得太累，得在行程中找空檔小睡片刻。可能是在練球之前，可能在總冠軍賽之前；可能在巴士上，可能在防護員的診療床上；可能在開賽前的五個小時，可能在開賽前的六十分鐘。只要累，我就會小睡片刻。我發現只要短短十五分鐘的睡眠，就能提供足夠的能量，拿出巔峰表現。

關機跟開機
一樣重要。

在場上比賽的時候，沒有讓你分心的事。比賽結束的蜂鳴器一響，很多人會盡快淋浴更衣。但對我來說，這時有更多工作要進行。

冰敷這個可靠的老方法，是我每次練完球、打完比賽的既定療程。我會冰敷膝蓋的前後，還有肩膀等部位，再把雙腳泡在冰桶裡二十分鐘。這樣可以減低發炎反應，還可完成這個階段的放鬆，並且為下個階段的啟動做準備。

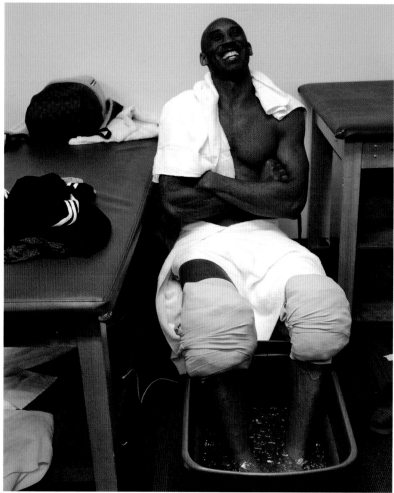

泡澡時間。

有些日子裡，我的整個下半身都很僵硬。每當遇到這種狀況，每當我感覺自己腰部以下都被鎖死了，我就泡在全身浴缸裡，進行平常只針對腳踝所做的冷熱交替水療（詳情可見下一頁「冰與火之歌」）。我再一次提醒：聆聽你身體的聲音非常重要，讓身體決定你的日常準備。泡澡時間還有一個額外的好處：我可以用這段安靜的休息時間來多閱讀一點，抓到機會就用功提升自己對籃球的理解。

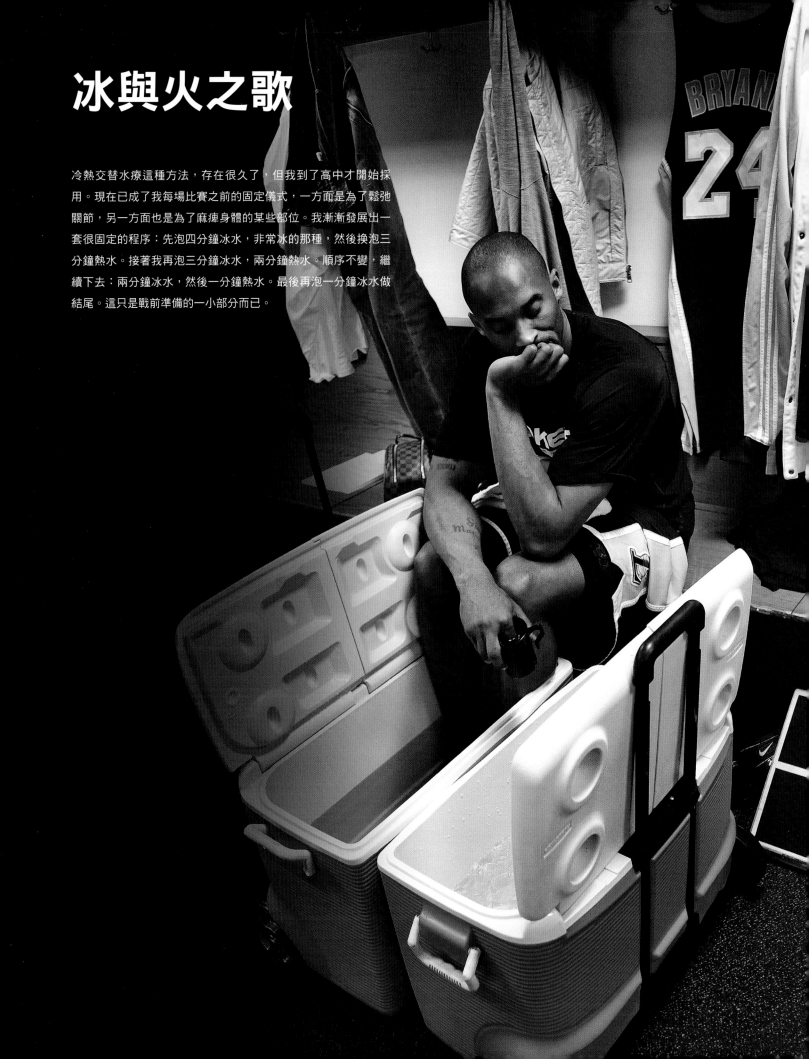

冰與火之歌

冷熱交替水療這種方法，存在很久了，但我到了高中才開始採用。現在已成了我每場比賽之前的固定儀式，一方面是為了鬆弛關節，另一方面也是為了麻痺身體的某些部位。我漸漸發展出一套很固定的程序：先泡四分鐘冰水，非常冰的那種，然後換泡三分鐘熱水。接著我再泡三分鐘冰水，兩分鐘熱水。順序不變，繼續下去：兩分鐘冰水，然後一分鐘熱水。最後再泡一分鐘冰水做結尾。這只是戰前準備的一小部分而已。

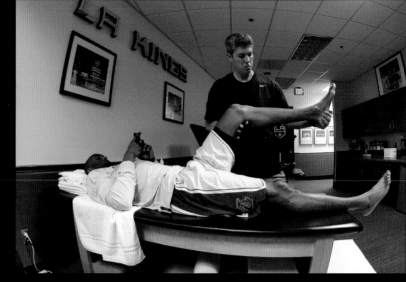

有因才有果

身體某部位出現了疼痛，原因可能源自其他地方不平衡。只要知道這個道理，就會知道最重要的不是治標，而是治本。

賽前我一定要確認：腳踝已經適當啟動，可以自由移動了。如果腳踝僵硬，會影響膝蓋、臀部、背部而造成問題，一路延伸上去。所以，賽前我一定會花很多時間處理踝部——這是問題的核心——以免讓症狀惡化。

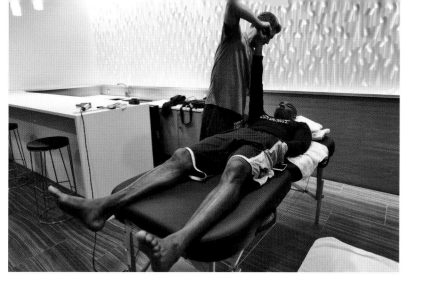

CALIBRATING THE CANNON

校準炮口

比賽前我會花一、兩個小時拉筋。開賽時間越來越近，我就會做一些活動範圍比較大的暖身運動，以便讓身體做好準備。打球生涯的最後一年裡，這種程序在準備與啟動階段所佔的比重越來越大。我們一定會確認我的肩膀是挺直的，有正確的姿態，不是向前旋轉。

I WASN'T ALWAYS OLD.

我也年輕過。

年輕的時候，這些拉筋跟熱身我都不用做。賽前我只要投投籃，稍微練練，然後留點時間給自己。有時候，我就只是放鬆，看看電視。那時的我可以隨時上場，馬上來一記大風車灌籃。隨著年齡增長，我越來越認真傾聽身體的聲音，並且做出適當的調整。

MY HANDS STILL HURT.

我的手還在痛。

骨折的那根指頭現在還是很僵硬。小拇指的肌腱撕裂傷，從沒復原過。因此，我會幫手掌熱身，也會做一些強化手掌的訓練。賽前，我會抓一顆大尺寸的籃球，用力擠壓，用這個方法伸展手掌，喚醒掌上的肌肉與肌腱。我的手指到今天都還沒恢復原有的柔軟度。但我從不讓這些傷處阻攔我。

我的訓練菜單
隨時間改變。
我的風格不變。

我總是想用更聰明的方法訓練與備戰。但年齡越來越大，賽前與賽後的訓練菜單也逐漸演化。年輕的時候，重點是爆發力的鍛鍊。年紀大一點之後，焦點就轉移到預防受傷。這也是必然。不過，唯一不能改變的，正是那一份執念。每一次出場，每一個活動，你心底都必須懷抱著那份渴求，那種想望：我要表現出最好的自己。

每個人備戰的方式
都不一樣。

跟俠客同隊的時候，我們經常一起接受貼紮。這時就是我們彼此
開開玩笑、打屁講垃圾話的機會。對於身為球隊兩大台柱的俠客
跟我來說，這樣有助於提振精神，準備好面對比賽。

不僅如此，這樣也能為球隊的士氣定調。整個球團的能量就集中
在眼前的此時此地。這是我們展露微笑，縱情嬉鬧的時刻。等比
賽逐漸接近，我們也就越來越嚴肅。我們必須讓隊友們都體察到
這樣的分野，發覺氣氛已經轉變了。這點非常重要。

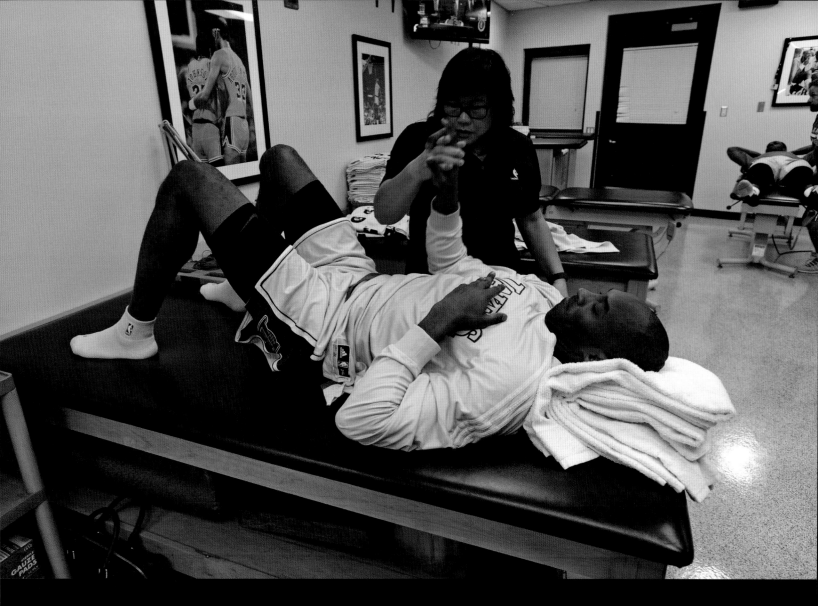

司徒敏儀
一直陪在我身邊。

我還是菜鳥的時候，司徒敏儀（Judy Seto）也是年輕新秀。有次我的腳踝有點扭到，她被派來當我的物理治療師。我馬上清楚發現，她對物理治療的執著，跟我對籃球運動的堅持，這兩者是一樣的。於是，我們培養出緊密的工作關係。這些年來，我們各別在自身領域的技藝上學習又成長，而且在過程中，我們彼此鼓勵對方展現最強的一面。

倘若沒有她替我擔任物理治療師，我的球員生涯不會這麼出色，這麼長久，這話不是假的。我經歷的每一個大、小手術，之後都是她幫我復健，她永遠在我身邊。真的，永遠。不管是我們全家去義大利渡假，還是加入Nike的中國行，敏儀都跟著我。她無可取代。

蓋瑞‧維提
對我的事業非常重要。

蓋瑞是來自義大利的運動貼紮名人。他把貼紮工作變成一種藝術。若一個人熱愛他的工作，你一定也能察覺到，而蓋瑞真的非常熱愛他的技藝。無論貼布要貼在哪個部位——手指、腳踝——他都會貼得很漂亮。只要貼布裡有氣泡或是隆起的地方，他一定要全部拆開重貼。一切都要光滑平順，一切都要完美無瑕。他是大師，而我也給了他許多練習的機會。

對我身體狀態至關重要的防護員，不是只有他而已，司徒敏儀也是不可或缺的。此外，別忘了我的動態神經肌肉治療師巴倫斯‧貝托斯（Barrence Baytos）。我身邊有一組很了不起的團隊。

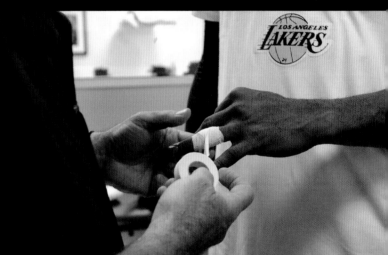

他們都執著於自身的技藝，這樣讓我更能相信他們。相信他們之後，我還會聆聽我身體的聲音，身體會告訴我，這些人有沒有把工作做好。跟他們共事讓我感覺更好、更強壯，也有更充份的準備。

貼紮大師。

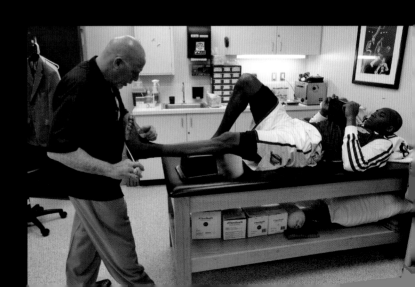

球員生涯期間，蓋瑞採用不同的貼紮方式來處理我的腳踝。決定的關鍵因素在於，我腳踝那一年處於什麼狀態。某幾個球季，我們把重點放在穩定性，所以全用白色貼布。其他時候，腳踝本身的感覺已足夠穩定牢固，我們就會改用比較有彈性的貼布，以配合更多的彈跳與移動。籃球運動最重要的面向之一，就是聆聽身體的聲音，然後做出相應的調整。我永遠牢記這件事。

嚴重扭傷腳踝。

二〇〇〇年總冠軍賽第二戰,是我生涯中最嚴重的一次腳踝扭傷。之後,我必須找出一套新的打球策略。我知道自己的身體能做什麼,不能做什麼,能往什麼方向施力,能施多少力。把這些標準界定出來以後,剩下的就是在這些限制之內調整打法,然後繼續主宰球場。

要在負傷的狀態下做到這樣,我必須取得掌控權,決定我要把球帶到哪裡,然後要怎麼打。就算只有一隻腳踝能用,我也必須把優勢掌握在手中,永遠不讓防守者迫使我做出不想要做的事。這在當時是關鍵,以後也永遠會是。

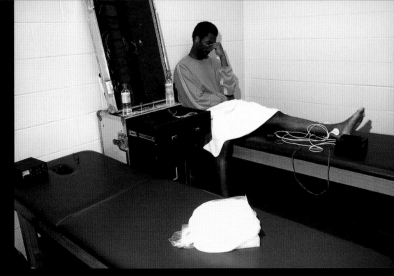

像打NBA 2K
一樣接上電線。

那次受傷之後，我錯過第三戰。但多虧了電流刺激療法，我打完剩下的系列賽。這個療法要接上電線，讓低壓電流直接穿過皮膚。這樣確實能幫助減低痛楚。不過那次腳踝真的傷得太重，老實說整個夏天我都沒辦法打球。不過，我卻學會了跳踢踏舞。

你沒聽錯：踢踏舞。

那不是第一次扭傷，但絕對是最嚴重的一次扭傷。我馬上就知道，我要更加積極主動的去強化腳踝。研究了一番之後發現，要在鍛鍊腳踝力量的同時又加強腳步的靈敏與節奏，踢踏舞顯然是最棒的方法。於是我聘了一位教練，走進練舞室。整個暑假我都在練踢踏舞，讓我往後的生涯裡都持續受益。

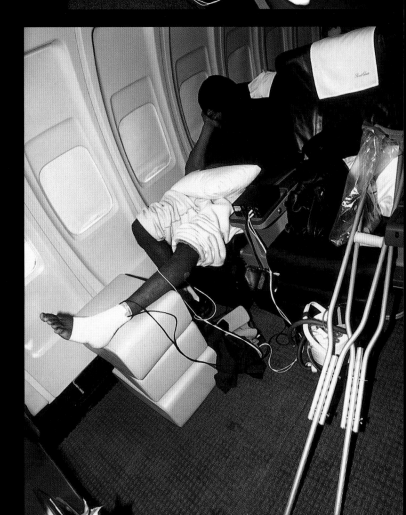

傑瑞・威斯特

傑瑞和我之間彷彿有著父子之情。

禁止翻越
NO CLIMBING

他參與了我生涯早期好多重要的時刻。我清楚記得,我跟傑瑞搭了一輛凌志車去參加第一次練球。我當時心想:「哇,我就坐在這麼有名的傑瑞・威斯特旁邊耶。」我連珠炮問了一堆問題,關於他生涯的一些比賽和特殊時刻。老實講,我不知道他覺得好玩或是覺得厭煩,但每一個問題他都回答了。

不久之後我發現,傑瑞對他尊重的人,就會直話直說。如果他真

的在乎你,他會告訴你說一些不中聽的話。而他對我總是有話直說。

這是一段美妙的情誼。

魔術強森

I MET MAGIC DURING MY FIRST YEAR IN L.A.

我到洛杉磯第一年，就認識魔術強森。

卡里姆 · 阿布都 · 賈霸

KAREEM SAYS HE REMEMBERS MEETING ME WHEN I WAS

賈霸說他記得我兩歲的時候首度和他碰面的情形。

穆罕默德・阿里

MUHAMMAD ALI IS AN ICON.

穆罕默德・阿里真是個典範。

觀察、研究阿里，讓我學到很多。其中最重要的就是：要在光芒之下閃耀，必先在黑暗之中鍛鍊。意思就是，要付出很多努力方能成功。眾人雖會歡慶你那份成功，會歡慶那些光彩與喧囂，但是在這一切光彩與喧囂的背後，是投入、專注與嚴肅，這些全都是外人永遠看不見的東西。一旦你不再全神投入你的技藝，所有的廣告與合約也將隨之消失。

阿里也是個謀略專家。我從他身上學到一個策略，就是以逸待勞

的「倚繩戰術」。很多人以為這只是個口號或標語，但我很欣賞這套戰術背後的心理學：你可以操控對手的力量，讓它反噬其主。這真是一個絕妙的概念，也是我很常用的一招。

比爾・羅素

YOU DON'T WIN 11 RINGS BY ACCIDENT.

贏得11枚冠軍戒指，不是偶然的。

比爾・羅素的冠軍戒指多到連他的手指都戴不下了，而我知道這是有原因的。幾年前我買了一本他的自傳，然後埋首猛讀。裡面有許多珍貴的經驗。比爾在書中分享的一則軼事讓我念念不忘。他說，當時人們都說他不善控球，而且不懂得怎麼運球跟投籃。他說他當然很擅長做這些事，但是當你跟鮑伯・庫西（Bob Cousy）同隊的時候，為何要持球快攻？當山姆・瓊斯（Sam Jones）就站在側翼，為何要投籃？比爾想要傳達的訊息就是：如果想要贏得冠軍，就要讓別的人發揮所長，你只要專心做自己

最擅長的事情就好。對他來說，那就是爭搶籃板、全場奔馳、狂蓋火鍋。

我認為他教的這一課很簡單，卻也很深奧。這是我從來沒有從別人身上聽過的智慧。讀完他的自傳之後，我立刻主動聯繫他，展開了一段亦師亦友的關係，也為我打開了一個全新的世界。

拜倫・史考特

WE USED TO SIT NEXT TO EACH OTHER ON THE BUS.

我們以前搭巴士的時候，就坐在一起。

好教練
至關重要。

教練就是老師。有些教練——比較差的那種——一直想直接告訴你怎麼做。然而，好的教練教你如何思考，讓你具備執行戰術所需的重要工具。簡單說，好的教練讓你知道如何使用雙手，如何做出正確解讀，如何理解比賽。好的教練告訴你魚在哪裡，超好

菲爾・傑克森不只是一個教練
——他是一個前瞻者。

他的助理教練泰克斯・溫特（Tex Winter）專門處理一些較細節的事（請見後頁），菲爾的長處則在於全局。他教導籃球運動的概念，而且是宏觀的概念。他教育我們——他不說教——一個團隊的重要性，以及如何從A處到達B處，然後到達冠軍所在之處。他也能夠讓大夥兒理解能量、流動，以及冥想。

我們兩個人的關係很好，一起贏下了許多比賽，共創紫金大業。我們兩人能夠合作無間的原因之一，是因為在很多方面，我們是光譜的兩個極端。每一支球隊都需要一個衝撞型的明星球員，或是一個衝撞型的教練。在聖安東尼奧馬刺隊，格雷格・波波維奇（Gregg Popovich）是負責衝撞的教練，而球員提姆・鄧肯（Tim Duncan）則不是那個角色。另一個例子是金州勇士隊，卓雷蒙・格林（Draymond Green）是負責衝撞的球員，而教練史帝夫・柯爾（Steve Kerr）則否。至於我們這隊，菲爾不是衝撞的那種人，所以我就提供那股力道。永遠都要有這樣的平衡與相互制衡，從這個角度看，菲爾跟我簡直是天造地設。

然而，直到我們第二次共事，我們才了解彼此有多適合。第一段合作期間，菲爾覺得我不受教。他認為我質疑他的權威，質疑他的計畫。他認為我沒把他的話聽進去。等他重回湖人，他了解我的個性就是那樣。他了解我只是非常好問，而且從不害怕提出問題。他了解那就是我處理資訊與學習的方法。釐清這點之後，他對我就比較有耐心了，也更願意跟我一起坐下來，回答我的很多疑問，把所有事情講清楚。

現在，我執教於女兒的球隊，而我們打的就是三角戰術。最近我打電話給菲爾，讓他知道我教了那些女孩什麼事。菲爾很驚訝，我竟然從他身上學到這麼多。此外，更令他詫異的是，我竟然學到了這麼多的細節，並且把它們傳承下去。

泰克斯·溫特
是一個籃球天才。

我從他身上學到的東西簡直數不清。泰克斯專教球賽的進程。他
教的是籃球比賽的純粹技藝。他把焦點放在比賽的細節、流動與
微小的變化之上。他能讓最小的細節變得活靈活現,並且讓大家
看見這些細節的巨大重要性。

他的耐心也是一絕。我們在洛杉磯共事的第一年,我跟他會一起
重看每一場比賽——季前熱身賽、例行賽、季後賽。那可是很大
量的籃球。那也是很大量的細節、教學,以及耐心。這就是泰克
斯。他擁有偉大的心靈,對籃球尤其如此。像他這樣的教練是很
稀有的,有機會跟他一起研究籃球是我的福氣。

我總說盧克·華頓
一定會當教練。

盧克（Luke Walton）是一個非常聰明的球員。他也擁有幾項適合當教練的特質：背有舊傷（跟以前的菲爾一樣），而且流著嬉皮血液。我以前老是這樣跟他開玩笑，但他好像覺得不好笑。

不過講真的，盧克對球賽有很強的感知。他能理解場上的前因後果，而不是把每一球分開來看，而且他的溝通能力也很好。當我把這些事實綜合起來，就知道他日後必將成為一位很出色的教練。

技術犯規。

我以前吃下的技術犯規也不算少。儘管如此，我跟大多數的裁判仍維持良好關係，很大的原因來自雙方對彼此的尊敬。我總記得要多去跟他們談話，建立對話與關係。如此一來，每當我對他們反唇相譏或是指出吹判之誤，我的話語在他們耳裡就比較有份量。這樣至少比只在抱怨時跟他們講話來得好。

生涯最後一個球季，能在聯盟各個球館巡迴一趟向每位裁判告別，真的很棒。我們笑著談起舊日時光，分享回憶。我很欣賞這些男裁判與女裁判。

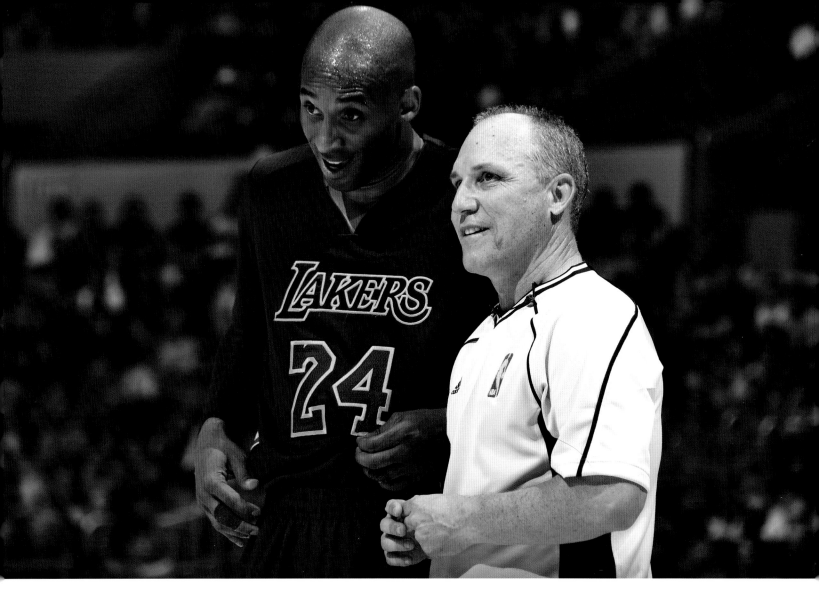

裁判不好當。

閱讀很重要。

他們的責任，不僅僅是要快速觀察、控制眼前的活動，他們還要負責承擔運動場上隨時可能失控的情緒力道。而且別忘了，裁判不是機器人，所以他們也必須注意自身的情緒，努力保持客觀。

這份工作不好幹。裁判一旦犯錯，就會被痛譙。但當他們吹判得當，卻沒有人會多提一句話。我總是提醒自己不要忘記這一點，因為他們是一群有情緒、而且往往沒受到足夠尊重的人。我懷抱這樣的態度，到頭來總是會讓我自己受惠。

我認為閱讀裁判手冊是很重要的。我從手冊中得知一條規則：每位裁判在場上都有應該站的指定位置。例如，當球在W這個地方，裁判X、Y、Z各有自己應該待的區塊。

但他們這麼做的時候，死角就出現了。在場上某些地方，裁判會看不到某些事情。我知道這些死角在哪裡，也好好利用死角。原因就是我花時間去了解裁判的侷限，於是得以逃過翻球或走步之類的小違例。

忍痛打球。

這張照片拍攝於二〇〇九年十二月十一日，就在我手指剛剛受傷的那個當下。貼紮大師蓋瑞正在評估我的傷勢，看看情況有多糟。我們立刻離場去照X光，然後蓋瑞跟我說手指骨折了。我說：「好，了解，那我們回到場上吧。」

蓋瑞看著我，覺得我瘋了。

我問他：「不上場打，它就會變好嗎？」他說不會。我說：「就是嘛，我們現在沒辦法做什麼治療，況且傷勢也不會惡化，所以幫我包紮好，讓我上場吧。」

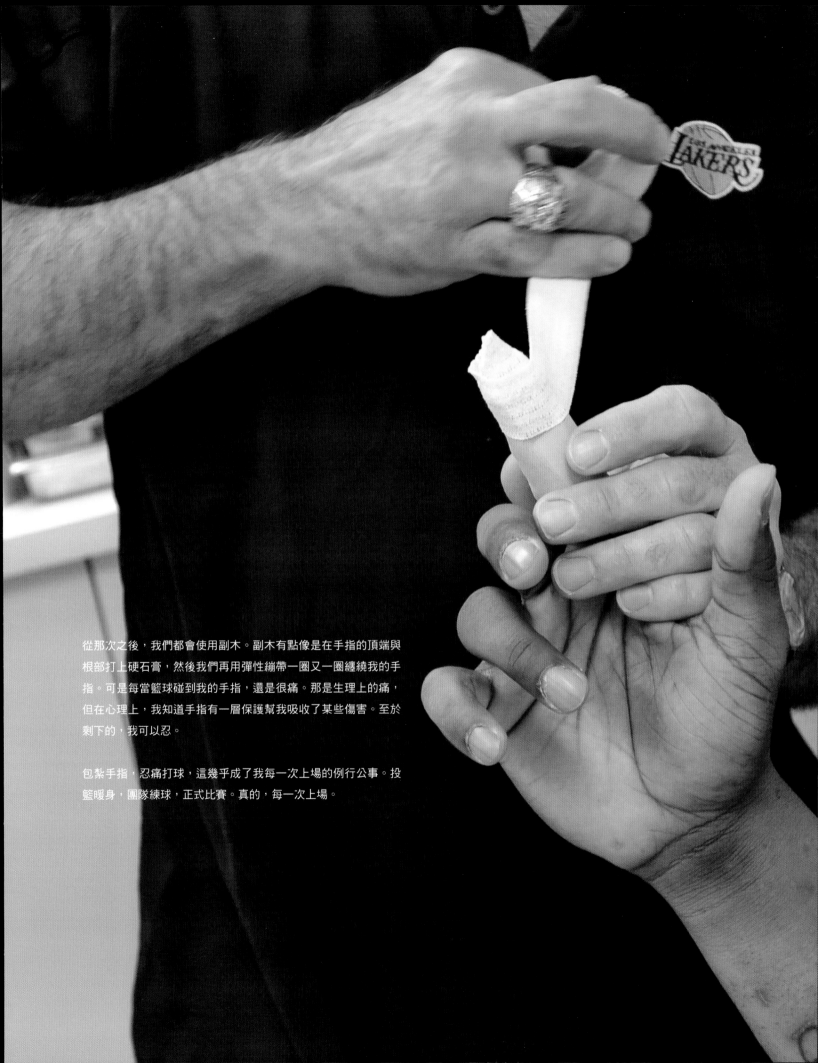

從那次之後，我們都會使用副木。副木有點像是在手指的頂端與根部打上硬石膏，然後我們再用彈性繃帶一圈又一圈纏繞我的手指。可是每當籃球碰到我的手指，還是很痛。那是生理上的痛，但在心理上，我知道手指有一層保護幫我吸收了某些傷害。至於剩下的，我可以忍。

包紮手指，忍痛打球，這幾乎成了我每一次上場的例行公事。投籃暖身，團隊練球，正式比賽。真的，每一次上場。

我不得不
改變投籃動作。

在二〇〇九到二〇一〇年球季弄傷食指之後（請見前頁），我知
道不能繼續使用本來的投籃方式了。以前，我總是用食指與中指
出手。食指受傷之後，我必須把重點放在中指上。中指成了我的
出手點，而食指大概就只能隨著擺動而已。

想做出這樣的改變，需要一些練習。不過，這不是一般的練習。
那一陣子，每天我都在做各種心理、生理的練習。在心理上，我
得下載新版的軟體，再透過反覆的練習，讓身體記住新方法。在
那些日子裡，我每天都要投進一千球。

有人問我，這種改變會不會影響我的投籃？是否讓我變得更準或
更不準？我無法回答這個問題。我只能說，有些時候我的食指是
麻痺的，一點感覺都沒有。我也能說，儘管手指變成這樣，我還
是再次贏下一座總冠軍——這是唯一要緊的事。

弄斷了
阿基里斯腱。

那是二〇一三年的四月十二日，跟勇士隊的比賽只剩三分鐘就要結束。我當下就知道，它斷了。首先，我感覺到那股斷裂，然後眼睛往下，看到肌腱從我的小腿後方捲起來。儘管如此，我還是想試試看能否站起來走，還是想試試看能不能找到方法，帶著這樣的傷勢繼續打球。然而，情況很快就明朗了：我只能投完罰球，然後他媽的離開球場。

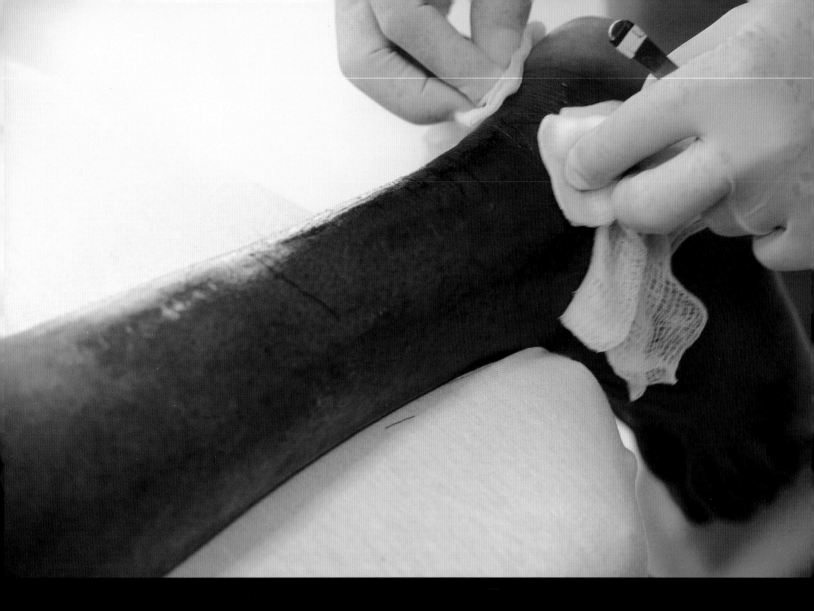

阿基里斯腱之傷
是我個人的聖母峰。

二○一三年那次重傷之後，走下球場時，我看著妻子搖頭。她立刻意識到事態的嚴重性。

我直接躺上休息室的診療床，蓋瑞・維提已經在那裡了。身兼外科醫生與球隊少數股權持有者的黃馨祥也在（他現在是洛杉磯時報的老闆），我們開始討論，然後黃馨祥說：「有一種新的手術，看起來還滿有希望的。但這種手術的前提是不能讓傷口的疤痕組織成形。意思就是，你明天就必須動手術。」

我說：「好，做吧。」就這麼簡單。我們當場就在那個地方為隔天早上的手術進行規劃。不久之後，我家人進來跟我說話，我們

都哭了。然後我回答了孩子們的每一個問題。我跟她們保證爹地會好起來。我記得接下來我拄著拐杖沖澡，留意不要滑倒。然後我跟媒體講話，隔天就接受手術。

在阿基里斯腱受傷之前，我已經在思索自己生涯的發展。我已可感覺到，自己的身體飽受磨損，恐怕已經進入倒數階段了。阿基里斯腱受傷之後，我反而認為這是一個新的挑戰。很多人都說我大概無法重返球場了。但我知道，我絕不能敗給傷勢。我不會讓傷勢決定我什麼時候退休。我要自己決定什麼時候退休。

那一刻，我下定決心，要攀越這個山峰。

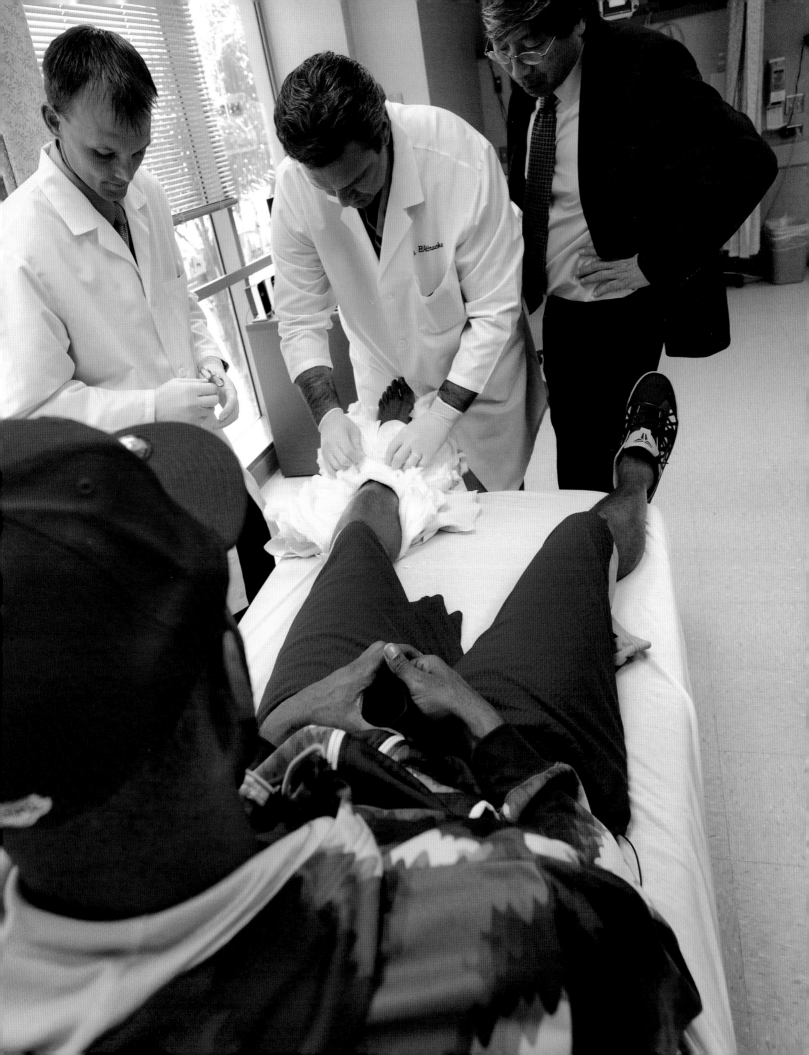

我認真看待個人
鞋款的設計。

一切都要回歸到技藝與細節。對有些球員來說，球鞋的重點就是外型與吸睛程度。對我而言，球鞋的重點是最優異的性能。最重要的事實是：我每晚要穿著這雙鞋奔馳四十八分鐘，我必須要仰賴它，協助我做好我的工作。

對於簽名鞋款所使用的科技，我是一個絕對的完美主義者，任何一點小細節都不放過。我在乎鞋子的總重、重量的分配、材質、剪裁、抓地力以及耐用度。我對於每一條曲線、輪廓以及每一條縫線，都一絲不苟，不容許任何小差錯。我不希望我的腳在鞋子裡還會滑動，因為我不接受任何事情影響我對比賽的專注，一秒都不行。我的球鞋不能只是穿著舒適而已，還要幫助我在場上表現得更好。

幸運的是，Nike很愛這種挑戰。每一代的簽名鞋款都是前一代的進化。我們總是在進步，總是致力於創新與成就偉大。永遠把眼光放在前方。

進化革命。

二〇〇八年，我決定下一代簽名鞋款要改為低筒設計。當我告知Nike我的想法，他們的第一反應是拒絕。我說：「你們不能拒絕，菲爾·奈特（Phil Knight）的名言就是『傾聽運動員的聲音。』我就是運動員，而我想要低筒球鞋。」

我是在看足球的時候有了這個想法。比起籃球員，那些足球員的小腿下部與腳踝需要承受更多的扭動，但他們穿的球鞋卻比籃球鞋還要低筒。我想，要是他們可以這麼做，我們也可以。於是我們就這麼做了。

Kobe四代成了革命性的鞋款。我記得我還跑去Foot Locker鞋店向店員解釋Kobe四代的設計，因為他們不知道怎麼推銷這款鞋。但是，老觀念早就該改了。「高筒可以保護腳踝」是一種迷思。事實上，高筒球鞋反而會減弱腳踝的力量與活動性。

KEEP IT REAL.

保持真我。

年輕時,我在乎的是形象、形象、形象。而且我帶著這樣的心態面對媒體。後來經驗增長,我了解到:不管怎樣,就是會有人喜歡你,也一定會有人不喜歡你。所以你就展現真實的一面,然後任由人們去喜歡或不喜歡你真正的樣子吧。從那時開始,面對媒體提問,我總是有話直說。我也會在話語中夾雜一些幽默與譏諷。我想,球迷與媒體漸漸欣賞這樣的做法,漸漸欣賞真實的我。

大大的未知。

比起在聯盟出賽，隨美國隊出征的程序比較難預期。我盡量維持客場作戰的例行訓練，但環境永遠是很大的未知數。NBA賽季期間，我早已認識每一座城市和球館，所以我很容易就能把整個過程預想一遍，從登上巴士到比賽結束的鳴笛聲響起。

造訪中國大陸、西班牙、英國、土耳其的時候，你不知道接送的巴士長怎樣，你不知道防護員的貼紮室長怎樣，你也不知道球場的設計如何。各地的這些細節都不一樣，所以我必須做出相對應的調整。

打國家隊時，我把心理的強度調至最高。我知道自己即將面對以往未曾交手過的對手，我也知道自己必須防守別的國家隊裡最頂尖的球員，所以我讓自己心無旁騖。我研究了很多影片，試圖弄清楚對手的實力。我最不樂見的狀況就是，盲目踏上球場，然後碰上某個以往未知的偉大球員。做足準備，真的異常重要！

從高中開始，我就與K教練很親近。

打從他徵召我的時候開始，我就很尊敬他了。如果我有去上大學，那我一定會選擇杜克。相識超過十年後，我還能在美國隊為他打球，算是圓了我的夢。

他有幾個突出的特點。首先，他具有強烈的熱情，這點我很欣賞。再者，他真心關懷，真心愛著自己手下的球員。最重要的是，他的好勝精神引起了我的共鳴。他看待輸贏的方式跟我一樣：贏球，就是目標。而輸球就是……嗯，輸球根本不是一個選項。

在教練麥克‧沙舍夫斯基（Mike Krzyzewski）眼中，國家的意義重大。他真的了解代表國家出征是什麼意義。他所做的每一件事——邀請將軍來跟球員談話、讓軍人參與球隊的備戰過程、帶我們參觀國家紀念碑——目的都是要增加我們對美國的熱愛與尊崇。在他的執教風格中，在我們打球的方式中，在球隊展現的強度中，你都可以明顯感受到這份愛國心。

我的目標一向
是扼殺對手。

我跟勒布朗討論的主要內容就是怎樣才是真正的殺手心態。我的每一次練球他都在旁邊細看，而我也不斷挑戰他以及其他球員。

我記得某次上半場，我們球隊有點漫不經心地亂打。後來中場時，我走進休息室問大家——使用的言詞不太適合放入普遍級的書籍裡——我們到底在搞什麼呀。下半場，勒布朗全力回應——他展現了主宰全場的霸氣。從此之後，他持續不斷以這樣的方式領導球隊。

我在國家隊可以專心做自己想做的。

隊上有這麼多厲害的高手，我知道自己不必擔心進攻。我知道得分不再是我的重點。我總算可以一償宿願：全心全意專注於防守。這樣等於我可以專心為對手套上拘束衣，被我守到的人等於從球場上消失。

從這個角度來看，與這些偉大選手並肩作戰真的很好玩。韋德（Dwyane Wade）跟我不斷討論抄球的技巧。他善於判讀傳球路徑，而我善於封鎖持球者。所以我會把持球者逼到角落，他再伺機截斷傳球。

我從來沒有跟這種球員同隊過。我曾跟很多長人同隊，隊友中也不乏適合我打法的人，但我不曾跟爆發力這麼強的後衛搭配。天啊，跟韋德一起上場獵殺，真的好爽。

我是
國家隊上的
老大哥之一。

那時我的手上已經握有三枚冠軍戒指，上一季才剛打進決賽，下一季也準備好再次衝擊總冠軍。從這個角度看，我是休息室裡的領袖人物。我不需要向任何人討教，反倒因為我所擁有的經驗，其他球員會來向我討教，想將我的技巧融入他們的技巧之中。

大部分的時候，我們討論著籃球場上的執行元素，因為國際賽有國際賽的打法。我在這方面有優勢，因為我從小在義大利打球，所以我會幫助其他球員調整，以方便他們解讀球賽以及執行計畫。

我在國家隊的備戰過程和別的隊員不一樣。

大部分的球員每場比賽前都會聽音樂。他們總是戴著耳機,幫助自己進入狀態,簡直就像宗教儀式一樣。他們甚至會唱歌或跳舞。但我很少這麼做。有時候,就算我戴著耳機,也沒在播放音樂。耳機只是偽裝,不讓別人打擾我,以便我心神專注。大部分的賽前時刻,我喜歡單純的待在那個地方,聆聽環境裡的聲響,觀察眼前的一切。

I'm trying to feel the energy of the environment.

我正在感知周圍環境的能量。

唱國歌時刻的每一秒，我都不浪費。在這短暫的時
聆聽所有細碎的聲響，吸取球場的能量，利用這個
正在發生的一切，感受身旁的隊友們，感受前方的
面的籃框，感受所有的聲音與物體。那是一種全然
場的全面了解。

基本上，我試著感覺環境裡的能量，讓那股能量流
這樣能夠為我提供動力與燃料，拿出卓越表現。

這是我從小自然而然就會做的。對於這一點，我從
是，後來菲爾‧傑克森來到隊上，我也開始明瞭這種
序有多麼重要性。從此以後，我更加重視這件事。

我不認為自己的領導風格有隨時間改變。

我喜歡挑戰別人，讓對方感到不自在。這樣，他們才會自省。這樣，他們才能進步。可以說，我「激」對方展現最好的一面。

這種作風未曾改變。我確實有做的調整是，針對不同球員採取不同方式。到今天我依舊會挑戰人，讓對方感到不自在，但我用的方式是為對方量身打造的。為了知道對誰用哪一招有效，我開始做功課，觀察對方的行徑。我去了解他們的過去，去傾聽他們想要的目標。我知道哪些事會讓他們有安全感，而他們最大的疑慮又在哪個地方。了解這些面向之後，我就能在正確的時機給予正確的刺激，讓他們發揮最出色的自己。

追求首冠的過程中，泰克斯‧溫特要我負責組織三角進攻。

他讓我——少不更事的我——成為球場上實質的領導者。有些人聽到我的指揮會不爽，可是我一點都不在意。我的想法是，泰克斯‧溫特——這位泰克斯‧溫特本人——親自指派我擔任指揮官，如果你覺得不爽，如果你不喜歡我在場上糾正你的走位，那就辛苦你了。

球員們一旦了解我的動機，他們跟我的頻率就接上了。隨著我年齡增長，隊友們甚至不需要知道原因了，他們自然而然就會聽從我的指揮。他們知道我想帶領球隊達到什麼目標，他們也知道我想要做到什麼。

生涯的最後幾年裡，我對德安傑洛‧羅素（D'Angelo Russell）、喬丹‧克拉克森（Jordan Clarkson）、賴瑞‧南斯二世（Larry Nance Jr.）這些年輕隊友特別嚴格。我用我自己征戰沙場二十年的經驗加速他們的成長。幾年之後，我很高興看到克拉克森在克里夫蘭騎士隊穿上我的球衣號碼。這代表他們真的了解我的動機以及期望，並且將這些動機和期望內化成他們自己的了。

湖人隊是
一個大家庭。

我尊敬湖人隊許多偉大的前輩，那些在我之前創造球隊神話與傳奇的球員們，像是詹姆士・沃錫、拜倫・史考特與艾爾金・貝勒。這支球隊就像是一個外人不能加入的兄弟會。家族裡有許多具有歷史意義的寶物，代代相傳。

可是，如果你沒有展現出與他們同等的熱忱，這些元老級的偉大前輩就不願意跟你混在一起。倘若你沒有跟他們一樣，為了追求卓越而奮鬥，他們就不願意花時間跟你分享回憶。

雖然我加入湖人隊時年僅十七歲，打從第一天起，我就感覺自己是這個大家庭的一份子。我想他們之所以這麼快接納我，是因為看見我是多麼的努力，多麼渴望完成我命中注定的大事：讓洛杉磯重返往日的冠軍榮耀。

THE MAMBA
MENTALITY
曼巴精神

起初，我以為「曼巴精神」只不過是我在推特上使用的標記，是某個可以琅琅上口的聰明詞彙而已。沒想到它後來展翅起飛了，從此變成一種象徵，代表著更偉大的事物。

曼巴精神的重點不在於結果——而是追求結果的過程。它的重點是你的做法，以及你親身經歷的旅程。它是一種生活的態度。我真心的認為，要盡力養成這種精神，這點非常重要。

每當我聽聞某個優秀的大學選手、NBA球員或是名列《財富》五百強的總裁使用#MambaMentality，我都覺得這個詞彙很有意義。當我聽到人們說自己從曼巴精神中得到啟發，我就覺得一切的努力、所有汗水、每一個凌晨三點起床練球的時刻都值得了。這也是我寫作本書的原因。我透過書頁教導，不只教籃球，也教曼巴精神。

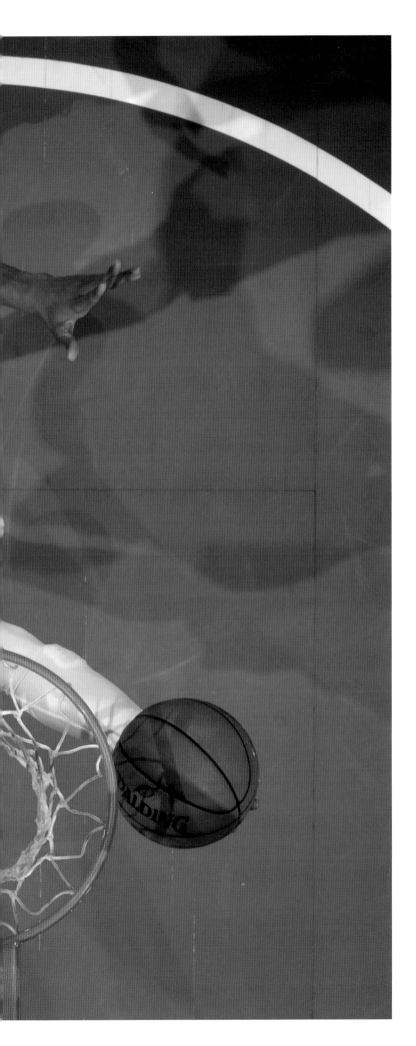

CRAFT

技藝

A TEACHING MOMENT

教學時刻

我還是一個年輕球員的時候,身體的平衡大有問題。

從站姿開始,看看我和麥可差在哪裡。麥可從腰部以上都是打直的。他的身體絕沒有朝著任何一個方向傾斜。正因為這樣,他擁有了平衡與重心。他完全掌控自己的身體,也掌控了這一球的結果。

接下來,請看我的防守姿態,做個對照。按照人家所教的,我用前臂抵著他的背部。不幸的是,這大概是我唯一做對的地方。我的身體太往前傾斜,對他施加了太大的壓力。這是個大錯。光是因為這一點,重力的作用就能讓我失去平衡。結果就是,麥可只要隨便來一招,例如果斷往右旋轉,或是向左做一個假動作,就能把我晃開。然後,他就得到了空間,可以起身投籃或是轉身甩開我。我的這個防守真的很不妙。

謝天謝地,我在一九九八年就看到這張照片。仔細研究過後,我修正了我的姿勢與平衡。從此之後,要在低位對付我就困難多了。

壓力

我從未感受到來自外界的壓力。我知道我自己想要成就什麼事，
也明白要達成我的目標，需要付出多少努力。於是我就付出努
力，然後相信自己。況且，我對自己的期望高過任何人對我的期
望。

有時，必須
一肩扛起球隊。

俠客進入傷兵名單，而我們正好在一段艱苦異常的賽程裡。這場
比賽之前，球隊已經苦吞二連敗，所以我們一定要甩脫這股陰
霾。要做到這件事，我知道自己必須在情感與得分兩個層面扛起
重擔。

第三節的這記扣籃，是一份對外的宣言。我砍下的五十二分之
中，每一分都很重要——這場比賽進入二度延長——但這是定調
的一球。透過這記扣籃，我挑戰對手，而且讓隊友們知道，我們
必須修正航道，我們非贏不可。最後我們確實拿下這場比賽。然
後，接下來十場比賽之中，我們贏了九場。

我並不是說這件事很容易。我已經連續第六場得分突破四十大
關，而身體已經明顯感覺疲勞。打完這場比賽，我的膝蓋腫得跟
西瓜一樣大。我的移動很不靈便，而我們隔天緊接著要到客場出
戰猶他爵士隊。儘管如此，我還是穿上球衣，戴上護膝，上場奮
戰四十分鐘。我得了四十分，更重要的是，我們贏了。你必須對
籃球比賽付出一切，你必須對你的球隊付出一切。這就是勝利的
代價。這就是偉大的代價。

絕殺，不過就是
一記跳投。

每當出現了關鍵進球，大家總是覺得讚嘆不已。問題是，再怎麼
關鍵的進球也就只是一次進球而已。如果你一天投進一千球，那
也就只是一千球之中的一球。都已經投進這麼多了，多進一球又
如何？我打從一開始就抱持這種態度。

照片中的這一球發生在總冠軍賽，是一顆追平比數的三分彈。我
非得把球拿到自己手上，任誰都阻止不了這件事。防守方可以試
圖不讓我接球，但他們不可能成功。在那一刻，我必定不擇手
段，接獲隊友的傳球。

把球接到手中之後，你要知道對位的防守者是誰。不能只是
知道，而是要知之甚詳——而我，徹底洞悉理察·漢彌爾頓
（Richard Hamilton）的防守策略。理察的基本功紮實，會直接了
當對付你。他不會做出什麼超出常軌的舉動，做為一個防守者，
這樣其實很夠了。但是，紮實的基本功擋不住我。

於是，我打量著對手，心中再把這一切資訊默記了一遍，然後迫
使他做出我想要他做的動作：我把球帶到側翼，佯切逼他後退，
然後旱地拔蔥，此時我知道他只會舉起雙臂干擾。到了這個時
刻，就只是我自己投不投得進的問題了。

我們這隊的站位非常好，就算其他防守者想要幫忙理察，也沒法
做到。我們會拉開空間，確保所有協防者都離我很遠。等到補防
壓上來的時候，我藉著快速晃動投出的那一球早就已經在空中
了。

你可能沒注意到照片裡的我跳得多高。這不是一蹴可幾的事情。
那時已經到了比賽尾聲，而且是NBA總決賽。我還能有這樣的起
跳高度，是因為我把體能維持在顛峰狀態。這是小事，卻使得結
果大為不同。

Sempra Energy
Los Angeles Times
TOYOTA
TEAM
FT
LA
17 - 28
DET
21 - 31
PEPSI
STAPLES
03.6
DETROIT
30
WALLACE
3
22
The Finals

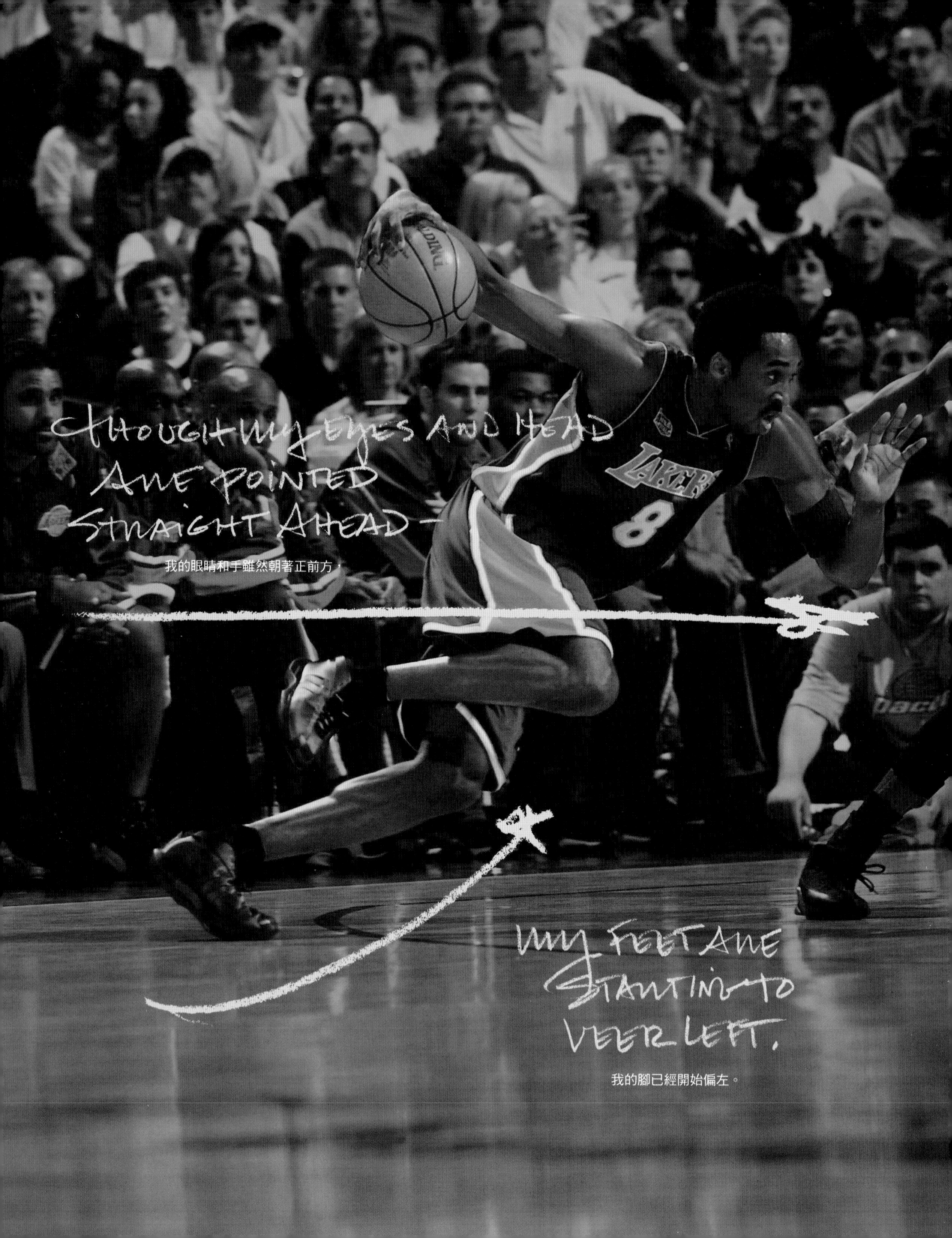

THOUGH MY EYES AND HEAD
ARE POINTED
STRAIGHT AHEAD—

我的眼睛和手雖然朝著正前方，

MY FEET ARE
STARTING TO
VEER LEFT.

我的腳已經開始偏左。

步法的重點在於效率。

我必須要在一到兩次的運球之內就到達攻擊位置。我也必須擁有遠投的能力。在這樣的過程中，我才能壓縮防守者的反應時間，節省自身體力的同時，迫使他們在距離籃框很遠的位置就貼上來守我。關鍵就是知道如何運用雙腿、眼神，還有身體的重心去移動防守者，並且知道如何還沒下球就把防守者往左或往右晃。

剛進聯盟的前幾年，我很驚訝地發現，自己比起許多球員，更認真看待腳步的運用。我認為步法是我必須精進的基本功。許多球員單單強化運球，但我一定會加倍重視下球之前的攻擊動作。這種打法，我小時候就在歐洲學到了。那時我們的訓練內容包括一種不允許運球的練習賽。所以，等我後來移居美國，往日在歐洲的經驗已經讓我熟習了各種進攻腳步。等我精通各種轉身——正向轉身、反向轉身、以內側腳為軸心腳轉身、以外側腳為軸心腳

轉身——之後，才去練比較花巧的胯下運球、背後運球、換手運球。

生涯的後期，有些球員請我教他們步法的秘訣。勒布朗、杜蘭特（Kevin Durant）、西河——他們真心想要學得箇中奧秘。他們展現學習熱忱的時間點剛剛好：我的生涯已經進入晚期，而且也不會再跟這些球星爭冠，所以很樂意跟他們分享我所知道的。

GOD GAVE US TWO HANDS.
上帝給我們
兩隻手。

小時候——我所謂的小時候大概是六歲——我就不喜歡有弱點的感覺。所以我從小就認真鍛鍊左手。具體點說，我用左手刷牙，用左手寫名字。我討厭無法自在運用兩隻手的感覺。

到了籃球場上，我的態度依舊。正因如此，我才覺得可以用同樣的方式使用兩隻手是很重要的。無論是運球、投籃或轉身，我希望左右手都是慣用手。

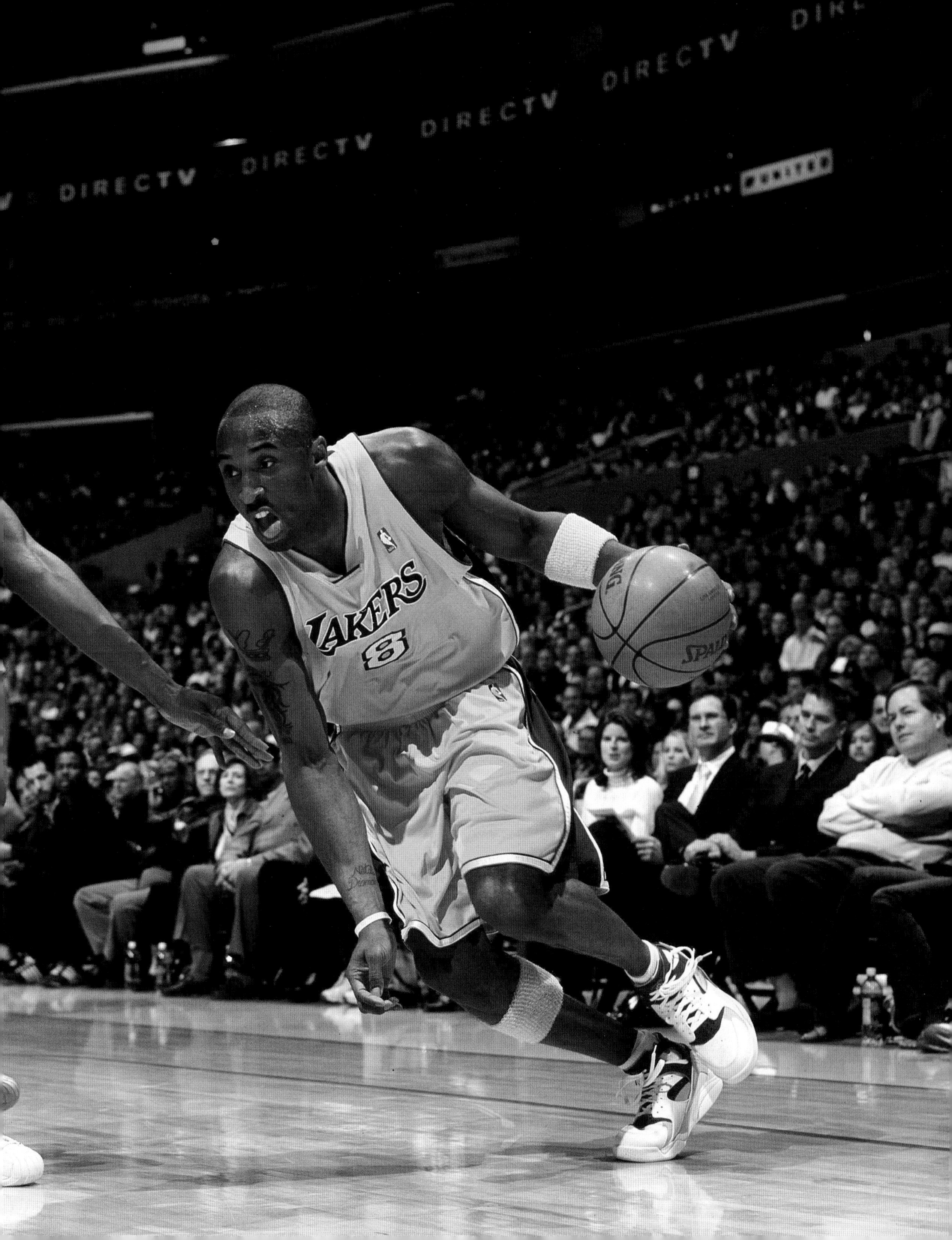
DIRECTV
DIRECTV
DIRECTV
DIRECTV
LAKERS
8

我從不逃避身體接觸。

我當然知道我的身體比瑞吉‧米勒（Reggie Miller）壯。我不知道是不是心態因素，但我知道自己才是霸凌對方的人，而他不是。

我會切入禁區，盡可能攻擊籃框。使用這種方式靠近籃框的時候，你要用身體，而非手臂，去創造出空間。對於很多球員來說，很多時候，防守者反而採取攻擊的態勢，使得進攻者屈服。我從來不吃這套。我切入禁區時，我就是攻擊方，而有受傷風險的人絕不是我：是擋在我前面的人。不管你是瑞吉還是俠客，我都會用力往籃框殺過去。至於要不要擋我，你自己最好想清楚。

THIS WAS FUN.
這個有意思。

看看羅德曼（Dennis Rodman），他把我整個人圈住，但他曉得要如何逃過裁判的法眼。他身懷各式各樣的伎倆，而且是觀眾從電視上看不出來的伎倆。你無法看到他是怎麼擒抱、推人或拉扯對手。就算你看到了，電視也只能傳達很片面的部分。他是我在場上遇過最聰明的球員之一。他真的精通比賽中的比賽。

麥可以前也會來這套。他把我推向掩護者，然後拉住我的球衣。當年那群公牛球員教會了我，要怎麼樣才能成就一支冠軍軍隊。

了解肢體接觸的重要性，這樣只是一半而已。你還必須熱愛肢體衝撞，而我就是喜歡這樣。你必須喜歡被對方拉扯著球衣，然後你再拉扯回去。你必須喜歡被撞一次，因為可以撞回去兩次。你必須享受每一記推擠，每一記拐子。等你能夠理解並且擁抱這種心態，你就準備好成為贏家了。

在這樣的情境中，你必須了解，威脅永遠在掩護球員的身上。當你為了一支善於設掩護或是跑很多擋拆的球隊而進行作戰準備時，該研究的不是持球者或是跑出來接球的球員，而是負責掩護的球員。那個人才是真正的威脅。

最簡單的參透方式就是看影片，了解個別球員喜歡怎樣掩護，因為每個掩護球員的習慣作法都不一樣。一旦參透這些——他們喜歡在場上哪個位置、什麼時機、以什麼角度設掩護——你就能規劃出具有攻擊性的抵禦作為，繞過他們，讓他們掩護失效。

所以，這張照片裡的我，應該怎麼做才對呢？我不該讓自己被困在掩護中。我不該試著推開丹尼斯。為了推開他，我反而給了他鉗住我雙臂的機會。我應該與丹尼斯保持距離，在麥可還沒抵達那個位置之前先處理他。

PUSHING INTO DENNIS ONLY GAVE HIM ACCESS TO TIE UP MY ARMS —

直接朝著他推，我反而給了他鉗住我雙臂的機會。

HE WOULD GRAB IN WAYS NO ONE COULD SEE.

他懂得怎樣用旁人察覺不到的方法攫住對手。

俠客的主宰力
無庸置疑。

就算隊上有主宰型的中鋒，讓他們發揮最大效力的法門，仍是為他們創造簡單的得分機會。我的做法是讓對方以為我要出手，於是防守者的注意力從俠客身上轉移到我這裡。這樣一來，他要進球就容易了。

所以，到底要怎麼做呢？

我會攻擊。我會切入。我會一路殺到籃下。我甚至會起跳——從基本觀念來看這種做法不恰當——好讓防守者相信我真的要出手。等他們上當，我就把球塞到俠客手裡。

這一切看起來很明顯，但要成功的施行還有個更細膩的秘訣：讓防守者把雙手舉到空中，試圖封阻你的出手。等你真的把大家騙起來，讓他們覺得非得封你不可，這時總會出現一個很適合短傳給中鋒的絕妙缺口。

我們也來談談這招傳球吧。倘若你費盡心思佈了這個局，殺到籃下的過程中承受了對手的衝撞與小動作，那你最好確保自己不要在最後階段功虧一簣。你必須要知道隊上長人的偏好。你必須知道他們喜歡待在禁區的哪個位置，他們喜歡怎樣接球，習慣用哪隻手得分。

跟俠客配合，我只要確保把球交到他的左手，他就可以把自己龐大的軀體當成盾牌，擋住跟上來的防守者，把球放進籃框的同時不用擔心被犯規。

架好鋼索

不管我們兩人之間發生什麼事,隊上所有人都知道我們每晚都能各自繳出三十分以上,同時籃板或助攻也能上雙。這份認知給了隊友安全感,卻也可能讓他們的日子過得太安逸。

為了不讓大家習慣這種安逸,俠客跟我會利用彼此之間三不五時的失和,刻意把爭執越演越烈。這樣一來,隊友們會加倍警覺,提升自己的競爭心。

然而,必須搞清楚的是,重點從來不是我們兩個。這不是歐、布之間的問題。重點是確保隊友們全心投入,了解球隊目標的重要性。重點是確保他們知道自己走在一條鋼索上,而俠客跟我無法永遠當他們的安全護網。

俠客是一個特殊的球員,他知道如何運用自己的身體與心理。他了解身與心兩個角度,也了解人性。他深諳威嚇與宰制之道。

我特別向俠客學到的,就是他的肢體衝撞,那種野獸般的力道。就算我是一個後衛,我也想要讓對手防守我四十八分鐘之後感到全身痠痛,遍體麟傷。如此一來,下次他們和我在場上碰頭的時候,我就有了一層心理上的優勢。俠客離開之後,我秉持這種精神,更常在低位運作,給聯盟裡的後衛嚴厲懲罰。

一定要逼他多動。

如果我們的敵手是俠客領軍的球隊，那麼攻擊的計劃就是讓他多跑動。我們想要讓他不斷對付擋拆，更重要的是，讓他追著球跑，讓他持續在輪轉之中補防。我們覺得這樣可以讓他暴露弱點。

至於遇上一對一攻擊籃下的俠客，我會卯足全力往他身上衝過去。他為了避免被顏扣的風險，每次都會對我犯規。於是我知道，只要朝他攻擊，就能輕鬆罰兩球。

MIAMI HEAT, December 25, 2004

L: SAN ANTONIO SPURS, February 3, 2005. R: HOUSTON ROCKETS, January 7, 2005

當基本功
不再基本。

卡隆‧巴特勒（Caron Butler）跟我同在湖人隊時，我們兩人一拍即合。他常常來我家拜訪，常常跟我一起訓練。我們還會在練球前與練球後再來一對一單挑。我們認真地彼此激勵。過了一段時間之後，我許多步法他都學會了。這點從他被交易出去之後的急停跳投以及低位翻身跳投上面，就看得出來。

他被交易出去，讓我非常難過。那個夏季，我在他身上投資了非常多的時間，我們總是一起訓練。我本來以為下一季他將為湖人隊打出生涯年。

我想，那是因為卡隆在籃球運動中是一個很棒的學生，打從大學開始就精通基本功。老實說，這個情況真的很怪——現在的基本功已經不再基本了。很多球員不知道腳步與跑位的重要性。如今的情況竟然已經變成，光靠紮實的基本功，對上大多數的球員就能佔盡優勢了。

薄如紙張。

二〇〇〇年，我在防守持球者的時候，常常為掩護所苦。明星賽期間，我跟蓋瑞·裴頓（Gary Payton）一起熱身。我把他拉到一旁。

我說：「蓋瑞，我真的不太知道要怎樣對付掩護。要怎麼做才對呢？」

他是一個好勝心很強的人，但還是花時間一步一步向我解釋他的做法。我永遠不會忘記，他教我要盡量讓自己變薄──薄得像一張紙一樣。他解釋：不應該跑過掩護，而是要滑過掩護。而為了做到這樣，我必須盡量縮小身體，盡量加快腳步。根據他的說法，「幾乎就像一張紙穿過門縫」那樣滑過去。

明星賽過後，我持續練習這招。我堅持不懈一直練一直練。那一年，我首度獲選進入聯盟的防守第一隊，這可不是巧合。

1 and R: MINNESOTA TIMBERWOLVES, May 1, 2003

賈奈特是
防守界的魔法師。

我會試著
用切入過他。

我認為凱文‧賈奈特（Kevin Garnett）的防守沒有得到應得的名聲。他在場上的聲音很大，指揮了每一回防守。靠著極長的臂展與優越的運動能力，他能擔任溝通者和封阻者的角色，負責了極大的防守範圍。

在長人球員當中，他的全能程度實在驚人，足以扭轉整個賽局。他能運，能傳，也能投。說句老實話，我覺得明尼蘇達灰狼隊沒能在賈奈特的全盛時期為他找到夠多有才華的隊友，這真是造福了其他球隊。若非如此，對湖人跟馬刺來說，要過灰狼這關都是一大挑戰。

凱文是他們那隊的領袖，而我是我們這隊的頭，所以我會向賽場的每一個人發出訊息：我知道你們的頭號戰將是誰，而我可不打算退縮。有時候我佔得上風，有時候他帶走勝利。無論結果如何，我跟他從未逃避彼此的挑戰，打從高中時期便是如此。

要封蓋我的出手，凱文會運用他的身高與臂展。他知道自己的體格不算壯，所以他不會使用身體，反而會利用身高手長的優勢去保護籃框。為了避免肢體碰撞，他還會跟我保持一點距離，然後找到最好的封蓋角度。這點跟比爾‧羅素很像。

賈奈特
從不跟我嗆聲。

凱文的好勝心絕強，一心想要贏球。他知道如果跟某些球員嗆聲，會把對方嚇到分神，無法專心賽事；而若對其他球員嗆聲，對方卻會做出更強更猛的反擊。他深知我屬於後者，所以他從來沒跟我講過一句垃圾話。

二○○八年總決賽，凱文夥同肯德瑞克・帕金斯（Kendrick Perkins）對加索講了一堆垃圾話，效果還不錯。二○一○年他們想對我故技重施，但我不吃這一套。我反擊回去。在這裡不得不誇一下加索，因為他也跟我做出一樣的事。慈世平（Metta World Peace）也加入戰局。這樣幫助我們扭轉了局勢。

歐登是
球隊的黏著劑。

大家很容易忽視拉瑪·歐登（Lamar Odom）的角色，但最好不要這樣。他是絕佳的隊友。他有個人魅力，不自私，而且很有社群意識。歐登把全隊連結在一起，有時舉辦團隊出遊，有時找隊友一對一共進晚餐，有時就只是把時間空下來，好讓大家方便找他。

他的球技也不下於他的心胸。他傳球能力超群，能夠控球，也練出穩定的跳投。我一直都知道在場上可以倚靠他。每當我遇到包夾，我的第一個念頭就是把球傳給他，讓他打出正確的進攻方式。

二〇〇九與二〇一〇年追逐冠軍的過程中，隊上的每個人都有自己扮演的角色。舉例而言，加索是有智慧的聰明人，德瑞克是有經驗的老大哥。而拉瑪·歐登就是那個照顧所有人的酷大叔，而且關鍵時刻總是很給力。

我成長的關鍵時刻。

菜鳥球季尾聲，我們打進西區決賽，對上猶他爵士。關鍵第五戰，我連續投出四個麵包球，我們就這樣失去爭冠機會。那幾球籃外空心讓我明白自己最需要加強的地方：力氣。那些麵包球對我的影響，只有這樣而已。

我在那場比賽中並不是緊張。我只是沒有足夠的力氣讓球碰到籃框。這麼長的球季讓我腿軟。我採取什麼措施來回應這種情況呢？我進行一系列高強度的重量訓練。到了下一季開始時，我的雙腿與雙臂都變壯了，準備好大顯身手。

被猶他淘汰之後，我完全不擔心球隊與球迷的反應。我知道自己會付出更多努力，而我也的確做到了。事實上，球隊搭乘的飛機一落地，我馬上到太平洋帕利薩德高中的球場做一整晚的投籃訓練，隔天也進場繼續練投。我練了又練，練了又練，練了又練。我心中的想法從來就不是：「哦，糟糕，我搞砸了。我以後不會再有這種機會了。」我感覺自己的命運已經被寫好。我感覺——而且我也知道——我的未來已經確定，任何人或是任何一球都無法讓它偏離正軌。

二〇〇三年，
我已無敵
於當世。

到了那一季，沒有任何東西——情緒上、心理上、身體上、策略上——或是任何人可以阻擋我。

當我到達了那個水平，除了傷病之外，往後幾年裡已經沒有人可以讓我停下來。那時，能否衝擊總冠軍，就只關乎於湖人隊有沒有辦法幫我找到夠強的隊友。

我猜，對某些人來說，抵達巔峰之後就很難繼續保持專注。但我不一樣。我從不滿足。我永遠都要變得更好，我永遠都想得到更多。我不太會解釋，我熱愛籃球運動，但我不太去記住自己的豐功偉業。這份態度，使我充滿鬥志，一直到我高掛球鞋的那一天。

艾佛森
身材矮小，
但是不可思議。

我的想法是利用身高優勢，往他頭頂上出手。我不用試別招，我不用跑去其他位置，我不用想辦法讓他後退。既然沒有遮蔽，我就只要在他頭頂上投籃就好。

我所說的不單單只是為跳投做準備。當艾佛森（Allen Iverson）看防我，我會在有利的位置接球，像是腰位那種方便攻擊之處，因為他無法阻止我接球。

然而，難道我不能在更靠進籃框的地方接球，像是低位？難道我不能在二十五呎外靠運球吃他？也許可以，但這樣並不聰明。

我選擇不要在低位接球，因為七六人隊會繞前防守，或是對我設下陷阱。我也可以拉開運球單打，但其他球員會撲上來補防。我選擇在罰球線兩端或是側翼接球，就是為了阻絕這些防守策略。因為在那些位置的時候，他們無法藉由繞前防守而來干擾傳球，我也不需要運球就能在艾佛森頭上輕鬆出手。

防守艾佛森一定要抓準時機。

一對一看防艾佛森的時候，我總會試著弄清楚他發動攻擊的時機。

容我稍微倒帶一下。在賴瑞‧布朗（Larry Brown）總教練的體系之下，艾佛森的進攻會呈現有起伏的節奏。開賽前幾分鐘，球隊會試著熱開，透過傳導讓每個人都碰到球。然後，約莫八到十分鐘之後，艾佛森就會切換到攻擊模式。為了破解這些模式，我付出了很多努力。

搞清楚之後，在那段時間裡，我會盡我的所能，盡量讓艾佛森難以施展拳腳。我會增加肢體接觸，一直跟他碰撞。我會阻止他接獲隊友的傳球。我會逼他在距離籃框三十呎之外拿到球。要是我能做到這些——給他挫折感——他就抓不到進攻的節奏。

接著，在艾佛森原本應該會比較被動的期間，我刻意讓他拿球。因為前幾分鐘他都沒辦法輕易得分，現在的他會腦充血，急欲搶分，因而更容易落入團隊防守設下的陷阱。這將會給他帶來更大的挫折感。

我用來防守艾佛森的另一個機制，也跟時機的掌控有關。基本上，我會注意他從接獲傳球到發動攻擊之間需要多少時間。假設他拿到球之後的節奏是：判讀防守，一秒鐘，兩秒鐘，攻——這樣一來，我就知道他的進攻時機。下一次等他拿到球，我就會在算到兩秒鐘的時候後退一步，先發制人防住他的切入。

我負責防守偉大球員的時候，他們往往也會想要守我。通常在我方持球時，我會試圖爭搶進攻籃板，但對上艾佛森就不一樣了。我們球隊一出手，我就會立刻找尋他的蹤影，心想：「他在哪裡？他跑哪去了？」因為身材的差距，他不會被指派來防守我。我總是必須往他所在的位置跑過去，推擠他，避免他在攻守轉換中逃出我的盯防。倘若可以阻止他打出氣勢，不讓他有輕鬆上籃的機會，防守艾佛森就不再是一件不可能的任務。

柯比終結者？

我跟魯本‧帕特森（Ruben Patterson）一起打過一陣子球，所以我知道他能做到什麼，不能做到什麼。他確實很能防守。但對於他自稱「柯比終結者」這件事，我也只能笑一笑了。

老實講，我認為他是為了在自由球員市場上拿到更大張的合約，才出此策。想法本身不錯，執行卻有瑕疵。

不久之前我才跟他講：「在你自行冠上那個稱號之前，你應該先打電話知會我。你應該跟我說：『柯比，我需要你幫我一個忙。我需要你跟媒體說我是你遇過最好的防守者。我需要你幫我賺到這筆。』」

為了魯本，我會這麼做。我會很樂意幫他。但是，他卻自己跑出去放話。我只好每次遇上他都瘋狂砍分。別無選擇。

有球隊徵召防守專家來阻止我取分，因此才會出現所謂的「柯比終結者」說法。這是讓我感到自豪的事。當湖人是冠軍層級的球隊，其他隊伍的總管會帶著把我們拉下王座的心理出發點，去打造他們的團隊陣容。其中一個做法就是，雇來一位「柯比終結者」，這個球員就是專靠防守我拿薪水的。當敵隊祭出這招，我的任務就是讓他們質疑自己的選才能力。

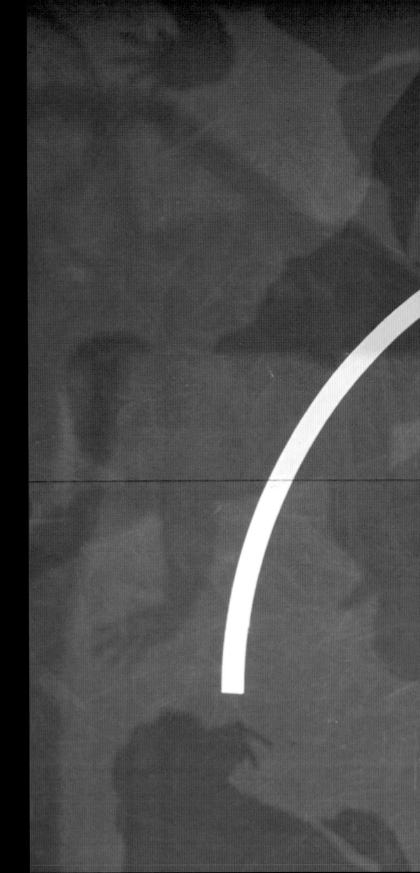

我的左手提醒迪肯貝，我才是真正的威脅。

MY LEFT ARM REMINDS DIKEMBE
I AM THE THREAT —

WHILE HE USES HIS
LEFT ARM TO SUBTLY
PULL ME DOWN.

而他用他的左臂偷偷把我往下扯。

灌籃
是為了展現霸氣。

透過灌籃，你讓對手明白你的心態：你是來這裡羞辱他們的。灌籃也能為自己隊友的情緒定調，讓隊友們知道你將在這場比賽裡攀至頂峰，且激勵他們隨你一同攀登。

不過，你不能只憑著要灌籃的想法攻擊籃框。你要知道自己的極限。更重要的是，你要熟知防守方的情況。所以，你必須仔細研究影片，觀察對手喜歡用什麼方式封蓋出手。有了這些資訊——他們習慣高舉哪一隻手，遇到什麼情況會退縮——你就知道如何對他們發動攻擊。

毫無疑問，迪肯貝·穆湯波（Dikembe Mutombo）是史上最偉大的防守者之一。他不只人高手長，還知道哪些小動作可以逃過裁判的法眼。他的絕活之一，就是在空中用左臂偷偷把你往下扯，或至少讓你失去平衡。表面看起來只是基本的防守動作，其實是老奸巨猾的一招，因為那隻左臂根本就是兇器。

對此，我的回應很簡單：我必須讓迪肯貝知道，他不是真正的威脅——我才是。所以，我跟他一樣運用左臂與左肘。這樣除了創造空間，更重要的是傳達一個信息給他：再跳高一點，你的臉就會撞上我的拐子，這可不好玩哦。

一如往常，你必須要扮演祭出懲處的那一方，爆扣對手。

PHILADELPHIA 76ERS, June 10, 2001, Away

L and R: HOUSTON ROCKETS, February 15, 1998

看看哈金的左手。

他跟迪肯貝一樣,用那隻手把我往下拉。這樣讓他有機會碰觸到球。又推又拉——這就是他打火鍋的方式。

當下我心中的念頭是:我要在空中與歐拉朱萬(Hakeem Olajuwon)交鋒,這還滿酷的……但我不能受到他的威名影響。我也想要讓他搞清楚,我不是那種只會屈服或是跟裁判抱怨的典型年輕後衛。我會突破你的手臂,突破你的身體,突破你對我發出的任何攻擊,因為我是一輛戰車。

整體而論,歐拉朱萬是一名絕頂聰明的防守者。他知道持球者偏好從什麼地方攻擊籃框,習慣把球放在哪個位置,遵循何種進攻模式。帶著這樣的籃球智慧與球探報告資訊,歐拉朱萬知道你要往哪個方向去,也知道你要用什麼方式出手。正因如此,他能在生涯累計大量的抄截與阻攻。

面對如此強大的心理優勢,一個進攻球員能做的就是想辦法抵銷它的效果。他了解你,你就要更了解他。你必須弄清楚他喜歡從哪個方向靠近,他偏好怎樣封阻出手,他需要多少喘息時間。有了這些知識,你就知道要從什麼地方,用什麼方式發動攻勢。

文斯・卡特逼出
我最強的一面。

卡特（Vince Carter）晚我幾年進NBA，然後讓全世界陷入瘋狂。
一個熱議的話題於焉誕生：卡特跟艾佛森，誰比較強？跟俠客同
隊的我沒被算進這個話題之內。我是後來才被添上去的選項。因
為這些輿論喧囂，對上他的時候，我有了額外的動力。

我的想法是在攻守兩端都跟他放對，逼他花力氣來防守我。在他
的防守下我能夠取分，防守他的時候又能夠把他鎖死，我要藉此
讓世人明白：若是把我放進那個話題裡，那就連討論的必要都沒
有了。

一個未來
必須面對的問題

一九九九年季後賽，我們正要晉級第二輪。

我問俠客準備好了沒。他問：「準備好什麼？」

我回答：「面對下一輪那個男的啊。」

「羅賓森？」

「不是啦，另一個。」

「他不夠硬。」俠客如是說。

我答道：「我觀察他一整年了，他是你未來必須處理的問題。」

俠客好像有點嗤之以鼻。下一刻，我們被馬刺橫掃出局，提姆·鄧肯平均每場攻下三十分。我本來就在注意他了。那個系列賽之後呢？哇，我了解到，聖安東尼奧馬刺永遠會是我們必須處理的威脅。

L: SAN ANTONIO SPURS, March 30, 2006. R: SAN ANTONIO SPURS, January 25, 2009

提姆・鄧肯是個
聰明的防守者。

他將自己瘦高的身形轉換成自己的優勢。他也是聖安東尼奧防守風格的具體化身。當你往禁區切入，馬刺隊一定會誘騙你，讓你以為即將遭遇肢體碰撞，然後──突然之間──沒有肢體碰撞。什麼都沒有。他們封阻時身體直上直下，從不改變。他們會避免身體碰撞，因為他們知道進攻者可以藉由空中的碰撞，取得自己身體的平衡。而只要防守者突然退開，進攻球員反而會失去平衡。馬刺隊只要一有機會，就盡量實踐這樣的防守哲學。

我大概是在二〇〇一年發現這件事。看著他們高舉雙手垂直起跳，簡直像是為我清出一條跑道。只需要我屏除製造犯規的念頭，就能穿越防守，顏扣他們。

馬刺隊會先誘騙你，讓你以為即將遭遇空中肢體碰撞，接著他們就突然脫身。

THE SPURS WOULD MAKE YOU THINK THERE'D BE
IN-AIR CONTACT, THEN BACK AWAY.

我看破這招之後，他們的動作簡直是為我清出一條跑道，讓我顏扣他們。

ONCE I LEARNED THAT,
IT WAS JUST A RUNWAY
FOR ME TO DUNK.

克萊德知道怎麼樣運用一隻手遮蔽持球者的視線，

CLYDE KNOWS HOW TO
BLOCK VISION WITH
ONE HAND -

WHILE THE OTHER
IS POISED TO STEAL.

另一隻手則伺機抄球。

L: HOUSTON ROCKETS, 1997. Away. R: HOUSTON ROCKETS, April 1, 2004

影響深遠的一刻

我必定主宰。

一九九七年，我們對上休士頓火箭。我記得自己上半場打得爛透了。在克萊德・崔斯勒（Clyde Drexler）的防守之下，我好像一球都沒投進。我在下半場換檔，做出調整，從板凳出發攻下二十七分。對我來說，那真是意義重大的一刻。

我一向欣賞克萊德，時常觀察他的防守方式。他深諳運用雙手之道：一隻手遮蔽持球者的視線，另一隻手伺機抄球。絕佳的平衡感也是他的優勢之一。事實上，我的防守方式深深受到克萊德（當然，還有麥可・喬丹）的啟發。

我不在乎對手是誰。這是我面對每一場比賽的心態。唯一的差別是，我會針對不同的對手調整我的打法。

舉「老貓」卡提諾・莫布里（Cuttino Mobley）為例。敏捷度與一雙快手是他的武器。然而，他卻很討厭我用身體碰撞他。每次我倆交手，就是這樣你來我往。每次我下球之後，他就一直伸手想抄球，而我則會用身體阻擋，把全身的體重壓在他身上，出肘架他，等他遍體麟傷，優勢就回到我手上。

崔西・麥葛瑞迪
是個進攻魔術師。

認真說起來，麥葛瑞迪（Tracy McGrady）可能是我遇過最難對付的球員。他在進攻端彷彿無所不能，能向左或向右切入，或旱地拔蔥，急停跳投。他能低位單打，向左或向右翻身跳投。而且還有人高手長的身材優勢。既然如此，我只能設法弄清楚他習慣發動攻擊的時間點，然後在那些時間點作出干擾，不讓他打順手。

每逢需要我盯防麥葛瑞迪的夜晚，我會看看怎麼做才能讓他不舒服。答案就是：往他下身去，跟他的雙腿多做碰撞。我會把身體重心壓得很低，去招呼他的雙腿、背部——他對這個地方特別沒有安全感——還有他的臀部，好讓他感到不安。終極目標是讓他窒息，讓他看不見任何一絲得分的希望。

麥葛瑞迪喜歡把身形壓低，左右輪廓拉寬拉大，

TRACY LIKES TO CROUCH LOW AND WIDE —

MAINTAINING HIS BALANCE SO EACH HAND HAS EQUAL OPPORTUNITY TO GRAB.

維持穩定的重心，讓兩隻手都有機會抄球。

麥葛瑞迪
有一雙快手。

他尤其擅長揮舞他的那雙快手，試圖把對手的球拍掉。所以，我的目標就是要讓球遠離他，好讓他的雙手不再具有威脅性。只要能做到這點，我就能把球帶到我想要的位置，並且主導我當晚的表現。

WE WERE ON A COLLISION COURSE.
冤家路窄。

波士頓在二〇〇八年引進了幾名全明星球員，那時起我們就知道，最後必然是我們這兩隊爭冠。二〇〇八年的總冠軍賽戲碼如此，二〇一〇也是。

現在回頭想，能成為湖人與塞爾提克世仇歷史的一部分，是件很棒的事。我熟知那些故事。我知道傑瑞·威斯特經歷過什麼。我也知道Showtime時期的湖人經歷過什麼。這兩年的爭冠絕對讓兩隊的世仇歷史更添意義。然而，我當時的心態就只是：他們擋了我的路。我非贏不可。我一定要拿冠軍。他們擁有三位日後將會入選名人堂的球員，還有拉席德·華勒斯（Rasheed Wallace）、拉簡·朗多（Rajon Rondo）與其他戰將，但這不打緊。不打緊的原因是，歷史不會反映這些。唯有冠軍，名留青史。所以我們要奮力闖過這群人，把冠軍金盃抱回去。

我的左前臂對他的背部施加壓力

MY LEFT FORE ARM
PUTS PRESSURE INTO
PAUL'S BACK—

WHILE MY LEFT LEG
KEEPS HIM FROM
SPINNING OFF ME.

左腿則阻止他轉身甩脫我。

皮爾斯是我遇過
最難防守的球員之一。

皮爾斯（Paul Pierce）真的很會運用自己的身體。他會以體重壓制你，然後利用身高優勢在你頭上出手。

左圖中可看到，我正在想辦法扭轉這個局面，取得位置上的優勢。我用左前臂對他的背部施加壓力。我把左腿放到他的身體後方，以降低他轉身甩脫我的成功率。同一時間，我的右腳踩穩在他即將直接切入的路徑上。接下來，只要他在持球上稍有差池，我會抓準這個失誤，瞬間用右手把球拍掉。

這套打法會產生的最佳結果，就是把球搶走或是蓋他火鍋。次好的結果就是讓他不舒服到無法出手。當然，讓他在失去平衡的狀態下出手，也是可以接受的結果。無論如何，總之我不會讓他輕鬆出手。想要得分，他非得費上九牛二虎之力不可。

L: BOSTON CELTICS, June 3, 2010. R: BOSTON CELTICS, June 6, 2010, Game Two of the NBA Finals

東尼‧艾倫
有輸過，沒怕過

東尼（Tony Allen）是一隻鬥犬，這可是讚美。他的肢體充滿了侵略性，更重要的是，他永不放棄。他堅毅不屈。他有著老一輩球員的作風：每一次都會狠狠犯規，再看裁判敢不敢吹。

而我……好喜歡他這樣。我會出拐子架他，推擠他，把他挑起的肢體接觸逐一奉還。

就是因為他——還有賈奈特那一夥人，把二〇一〇年的總決賽搞成了浴血惡鬥。他們每一球都狠狠犯我規，而且一點都不感到愧疚。他們對我下重手，而且明白讓我知道：他們是故意的。

當你處在那樣的情境，面對東尼這樣的球員還有那群賽爾提克硬漢，你必須發自內心，甘願正面挺過去。更重要的是，你內心的熱血，必須要因為他們的粗暴球風而被點燃，你渴望一戰。你必須要接受這份挑戰，心裡想著：來啊，再打得兇一點啊。但我保證，你會比我先縮回去。

150

L: SEATTLE SUPERSONICS, November 24, 2005. R: MILWAUKEE BUCKS, October 24, 2002

雷 · 艾倫經歷過幾次球風轉變。

年輕時在密爾瓦奇公鹿隊，他只靠隊友的掩護得分。之後待在西雅圖，超音速隊給他比較多單打機會，讓他運球取分。接近生涯尾聲，到了波士頓跟邁阿密，他又變回空手走位的定點射手。

雷槍（Ray Allen）是致命的。他善於運用隊友的掩護；他深諳時機的掌控；他懂得怎麼用極小的空間創造出投射的空檔。他跟我有過幾場惡鬥，尤其在公鹿與超音速時期。我們是同一梯選秀——他、我、艾佛森——所以當年的我們都想要奮力打下自己的江山。

153

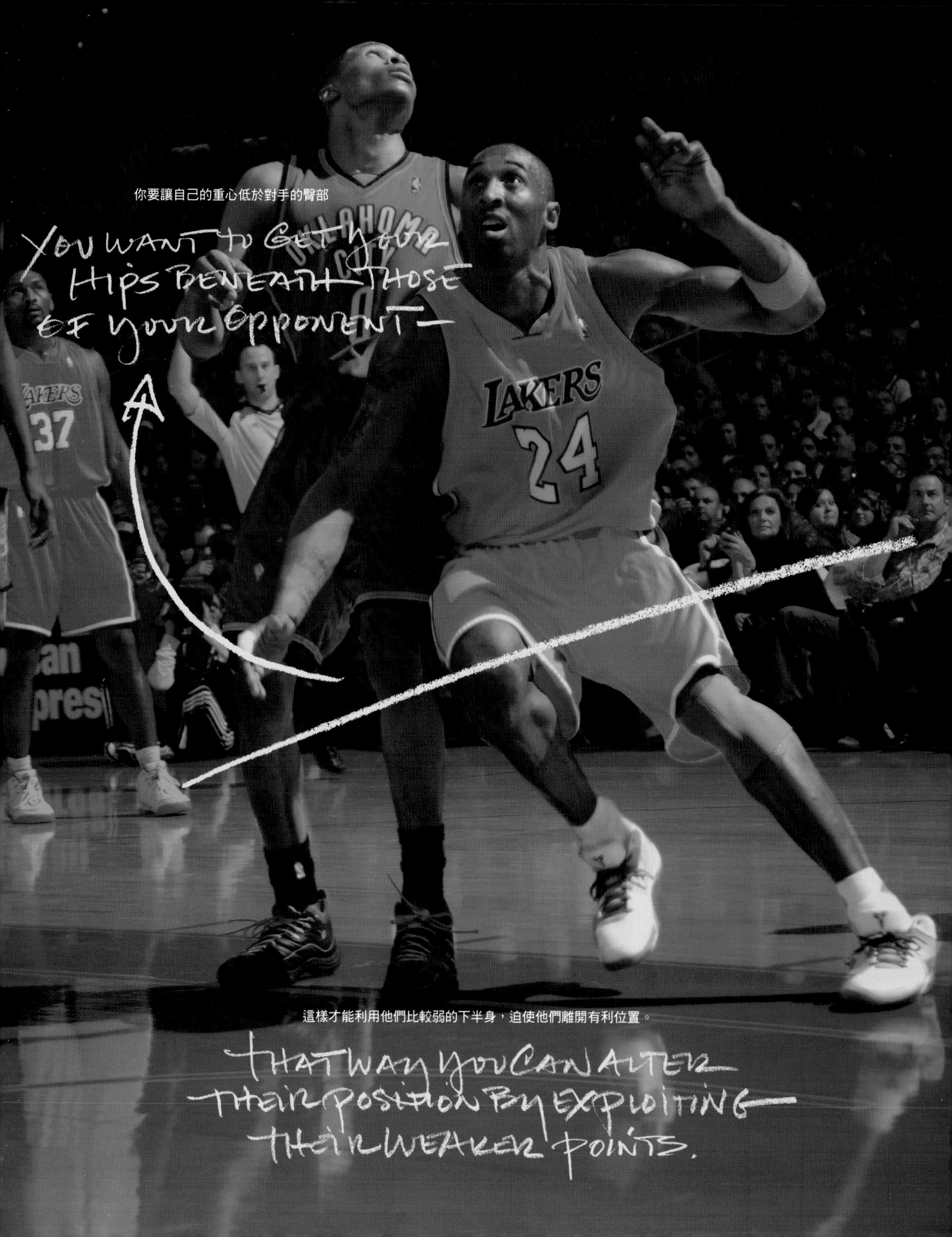

你要讓自己的重心低於對手的臀部

YOU WANT TO GET YOUR
HIPS BENEATH THOSE
OF YOUR OPPONENT—

這樣才能利用他們比較弱的下半身，迫使他們離開有利位置。

THAT WAY YOU CAN ALTER
THEIR POSITION BY EXPLOITING
THEIR WEAKER POINTS.

L: OKLAHOMA CITY THUNDER, December 22, 2009. R: SAN ANTONIO SPURS, February 3, 2011

跟高大球員卡位，是我給自己的挑戰。

高中時期，有一種訓練內容是在搶籃板時阻止對手拿到球，或甚至拍到球。只要對手的手觸碰到球，你就算輸了。所以我從小被灌輸卡位的重要性。

除了靠意志力主宰禁區之外，有些運用身體的方式能幫助你在爭搶籃板時得到優勢。想當然爾，你要練出強而有力的下盤，然後用身體卡在對手與籃框之間。但你還必須確保自己的重心低於對手的臀部，方能移動他的身體，迫使他離開有利位置。倘若在肩膀的高度進行就沒有效果，因為禁區長人的上身比較強壯。所以你必須壓低重心，從對手的腰部以下用你的體重把他往外推。

大部分的球員把籃球視為競賽，只想到得分與防守。其實就連如此一個小小的面向——禁區卡位——都是競賽中的競賽。這項競賽的勝負就是誰能他媽的搶到那顆球。這項競賽較量的是誰比較想要拿到球。而這種事情，我不會輸。

L: PHILADELPHIA 76ERS, March 27, 2005. R: PHILADELPHIA 76ERS, January 6, 2006

安德烈・伊古達拉
曾讓我很頭痛。

伊古達拉（Andre Iguodala）人高手長。更麻煩的是，他靈活的左手讓我很頭痛。他的左手快狠準。你拔起來跳投，他就會直接把球拍掉。這是他的老招，但卻每次都得逞。

我必須想出對付之道。答案就是跟他玩心理遊戲。有時候，我會故意先讓他把球搶走。第二次持球，我會把球暴露出來，吸引他犯規。接下來，他的心中就會產生猶豫。第三次持球，我會把球護好，改變進攻角度，他要奪球也無從下手。我會用這種方式對付他，因為我知道他從來不會跳起來干擾出手。只要創造出足夠的空間，並且讓他在伸手拍球時產生遲疑，我就能整場比賽暢行無阻。

雙手是武器。

步法就是一切

布魯斯‧包溫（Bruce Bowen）很擅長把雙手當成武器使用。左邊照片裡的他正在做著他無時無刻都在做的事：用左手壓住我的右臂。然後，在我持續進攻的過程中，他就會一直撥、撥、撥我的手臂，讓我沒辦法順利運球或是拔起來跳投。這招真的超級討人厭，但我知道怎麼擺脫。我只需要無視他的手臂，不顧干擾，貫徹我的進攻。如果可以做到這點（我確實可以，因為每一球我都預料到他會出手撥我的手臂），我就能克服布魯斯的防守策略。

如果沒有意外的話，擊敗布魯斯的最佳之道就是不理睬他的撥手以及其他小動作。一旦取得攻擊的角度，例如照片中這樣（請見上圖），我就可以壓肩往他的胸口切過去，讓他失去操作雙臂的空間。此後，步法就是一切。

請仔細看：我的右腳指著我想要前進的方向——往那個方向運幾球，就能中距離跳投。倘若想要從底角切進去攻擊籃框，我就會旋轉我的腳趾，藉此施加更多扭動的力量。從這個觀點看，在球場上運用腳步，有點像是騎機車時運用頭部。當你想要往左或往右轉，你會從頭部開始，往那個方向看，然後讓身體的重心往那個方向傾。籃球場上的腳步運用，正是如此。

L: UTAH JAZZ, December 27, 2011. R: PHOENIX SUNS, February 20, 2008, Away

首要任務：
判讀防守

請看右頁的圖，尚恩・馬里安（Shawn Marion）——協防者——躲在後面，而請看看拉加・貝爾（Raja Bell）的右腳就知道，貝爾想要把我往後逼到馬里安那裡。這就是他們設下的防守陷阱。

反過來，我想要做的就是用右臂甩脫他。我會稍微用手肘推他一點，創造出足以急停跳投的空間。另一個進攻選項則是，我既然知道補防球員會從另一個方向撲過來，於是用力往貝爾的右腳切過去，改變角度，在陷阱關門之前，創造出可以供我快速轉身的支點。

160

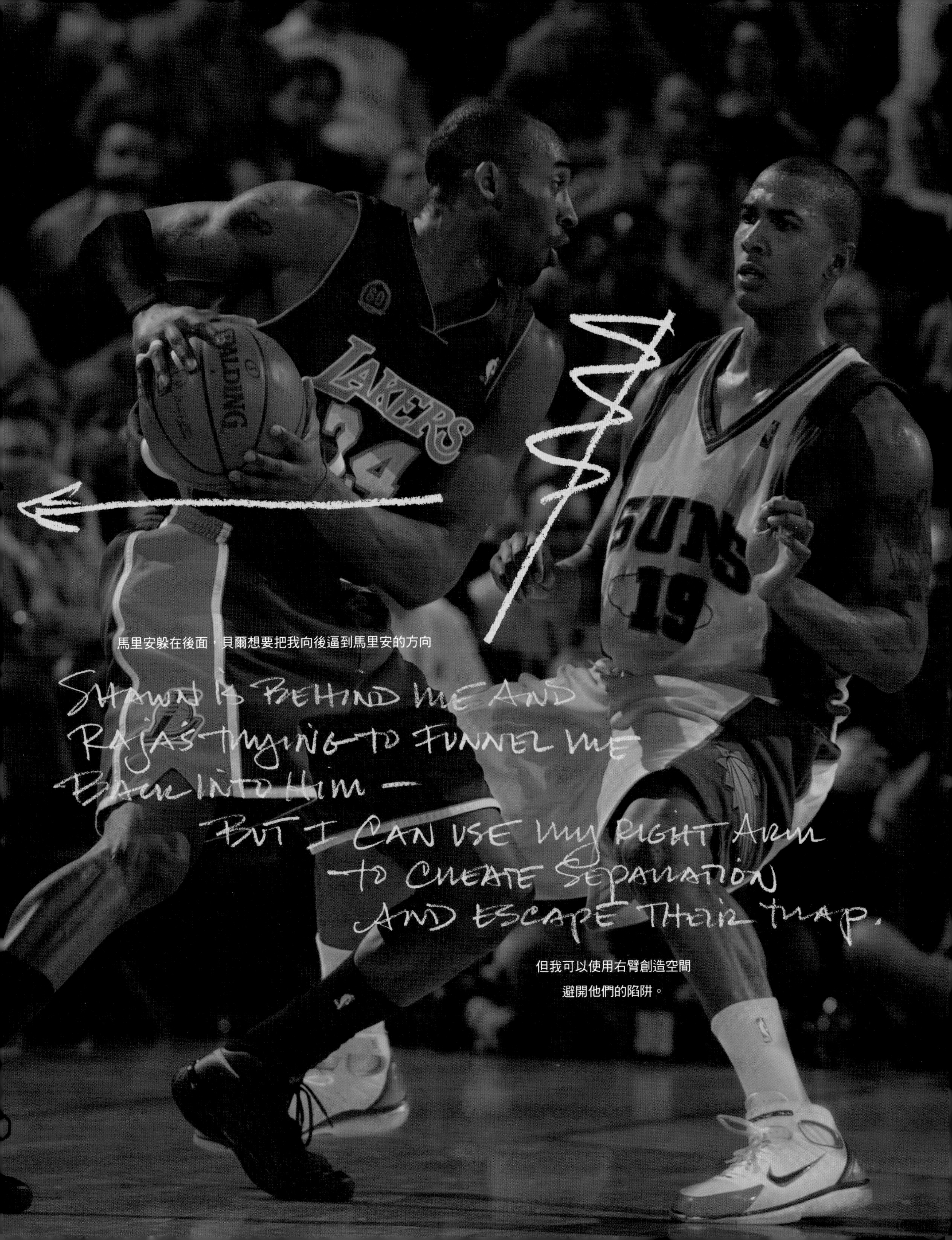

馬里安躲在後面，貝爾想要把我向後逼到馬里安的方向

SHAWN IS BEHIND ME AND
RAJAS trying TO FUNNEL ME
BACK INTO HIM —
BUT I CAN USE my RIGHT ARM
TO CREATE SEPARATION
AND ESCAPE THEIR TRAP.

但我可以使用右臂創造空間
避開他們的陷阱。

I'M SIZING UP WHERE THEY COULD THROW CARMELO THE BALL—

我是在打量，如果尼的隊友可能從哪裡傳球給他

USING MY LEFT ARM TO DISCOURAGE THAT FROM HAPPENING.

然後用我的左臂去阻止他的隊友從那個位置傳球出來。

安東尼
是頭巨獸。

我喜歡跟安東尼對決，因為他是老派球員。有很多球員，只要你不斷施予重擊——撞、撞、撞——他們自然會離開低位。但這招對他沒用。卡梅羅·安東尼（Carmelo Anthony）享受這種肢體碰撞，喜歡被撞，更喜歡撞回去。

跟他在季後賽對壘是最費力的。到了那個時候，儘管我們的身材有差距——可能正是因為這個原因——因此勝負的重點變成：誰能取得有利位置。以左圖為例，我那個動作的主要目的，並非是要把他推出去，而是要觀察傳球的角度。我正在打量：他們可能從哪裡把球丟給安東尼，然後我用左臂去阻止他的隊友從那個位置傳球給他。同時，我用畫面裡看不見的右手鉗住他的左臂。如此一來，當他的隊友把球傳過來，我就可以一邊把他的左臂往下壓，一邊繞前把球抄走。這就是打籃球這行的一個小伎倆。

我用左手預防保羅往右邊切，

MY LEFT HAND KEEPS CHRIS FROM GOING TO HIS RIGHT

CAPITALIZING ON MY LENGTH SO HE STAYS BOTHERED.

然後我用身高優勢干擾他，就是要讓他打不順手。

正往右切的克里斯‧保羅是個特別的球員。

我的意思是，雖然保羅（Chris Paul）往左切也很厲害——但往右切真的不得了。既然如此，我的第一道防線顯然就是要封鎖他的右手。如上圖所見，我伸出左手讓他知道：如果你敢往右切，我會把球搶過來，或至少讓你很難持球。

此外，我也會用身高與臂展的優勢干擾他。當他跳投，我會伸手封阻。當他切入，我會以身阻擋。當他傳球，我會判讀角度，用臂展優勢斷球。說真的，就是要盡我的所能讓他打不順手。

另一個法門是預判。要預判保羅——或是任何球員——的下一步，最好的方法就是事先研究對方的打法。你會知道對手在哪些位置習慣做出哪些動作。這樣一來，你就能準確預測，進而成為強勢的一方。

保羅的防守很有技巧。

他速度快，體格強壯，而且聰明絕頂。

要是我在低位準備接球單打他，他會狡猾地偏向一邊，阻斷隊友傳球給我的路徑。如此一來，只要傳球的質量不高，他就能撥到球，甚至直接把球盜走。我的對應之道是用身材優勢把他卡在我身體後方，讓他無法偏向左或偏向右，也無法從高處接球。接著，等我翻身後仰跳投的時候，我會高舉高打，一刻都不把球下放到他眼前的高度。這是我在夏季休賽期間苦練的技巧之一——接球，翻身，把球保持在臉部前方，然後出手。

閃電俠韋德，
飄忽如鬼魅。

擋拆之下，沒有人比韋德更難防守。這說法聽起來似乎籠統，卻是千真萬確，而很大部分要歸因於他的技術。主要是他的下肢力量太過強猛，而且可以把重心壓得很低，幾乎貼地，所以一得到隊友的掩護，他就消失無蹤了。對我來說——還有我們隊上的長人，他們被韋德切好玩的，連車尾燈都看不到——要守住他真是難如登天。

到頭來，我必須跟隊上的長人坐下來研究很多韋德打球的影片。我告訴他們，只要他們能幫我攔阻韋德一秒鐘，我就來得及回來

守他。我知道，一秒聽起來很短，但是閃電俠只要零點二秒就能把防守者過掉。所以，我真的必須要求隊上長人多多訓練攔阻他的方式。

沒錯，前面一兩年，我在防守韋德時還能夠稍微放鬆，賺到些許額外的時間與空間。到了他進聯盟的第三年，絕對不行。他的投籃不優美，但是會進，所以不容小覷。此後，他的投籃愈形流暢，命中率逐步升高。

L: MIAMI HEAT, December 25, 2006, Away. R. MIAMI HEAT, February 28, 2008

年輕的
凱文·杜蘭特
不難對付

初入聯盟的前幾年,杜蘭特的球技有一些缺陷。而我可以針對那些缺陷下手。當時的他不擅長往右運球之後的急停跳投,他也不懂得怎麼在低位作戰。因為這些技術上的漏洞,身材高人一等的他還是可以被守住。然而,很快地——在一兩年之內——他就熟習往右運球之後的急停跳投。之後幾年,他又學了幾招向左轉身的低位動作。轉眼間,他已經是一個擁有七呎身高與全能身手的少數菁英。

這就是凱文·杜蘭特的故事。

近十年來,他全心努力改善自己的弱點,豐富自身技巧。現在,他的軍火庫已然充實。他在進攻端沒有弱點。防守他是一場噩夢。透過不斷的努力,他才有今天。

詹姆士・哈登一直是天賦爆表的球員

雖然他是板凳球員，哈登（James Harden）正是我們在二〇一一年的季後賽被雷霆隊淘汰的主因。先發陣容裡有杜蘭特跟西河，這點還能處理。但是等你走到板凳區想要稍微喘口氣，這時哈登才剛剛要出場。我們隊上沒有可以與他抗衡的球員。到了第四節，雷霆三少同時在場上，此刻我們一定會陷入劣勢。哈登就是他們隊上的關鍵角色。

哈登天生擁有解讀擋拆的能力。他能切入禁區買犯。他能用寬厚的身軀欺凌較為瘦弱的後衛。歸根結柢，我不認為奧克拉荷馬雷霆知道他們手握什麼樣的瑰寶。我知道，但我覺得他們不知道。

L: OKLAHOMA CITY THUNDER. May 16, 2012. Away. R: HOUSTON ROCKETS. April 10, 2016. Away

WHEN I GOT HURT, I NEVER DWELLED ON WHAT HAPPENED.

受傷之後，
我從不多想。

整整二十個球季下來，我受過的傷不算少。每次受傷的當下，我的第一個念頭永遠是：「要怎麼做才能找回百分百的身手？」這就是我的心態。我從來不讓恐懼或是疑慮滲入我的心思。我從來不哀號，我從來不抱怨。我的想法是，怨天尤人有用嗎？

遇到骨折、小撕裂傷及扭傷的時候，我會問自己另一個問題：「倘若帶著傷繼續打，傷勢會加重嗎？」如果會很痛，但傷勢不會加重，我會忍，每一次都會。對我來說，這就是唯一的思考過程。

我曾背負著某些傷痛上場——踝傷、背傷、膝傷、肩傷，因而在某些方面受到限制。遇到這些情況，我會在投籃練習或是比賽之初測試自己在場上能做到什麼，不能做到什麼。搞清楚這些侷限之後，我就會對打法做出適當的調整。這些情況其實是一種提醒，提醒你要具備全方位的球技，要能夠左右開弓，要能夠將兩隻腳都當成軸心腳使用，在低位或是距離籃框三十呎皆然。

受傷的時候，我的運動能力下降，爆發力受限。但僅只於此。我還是我，我還是柯比。

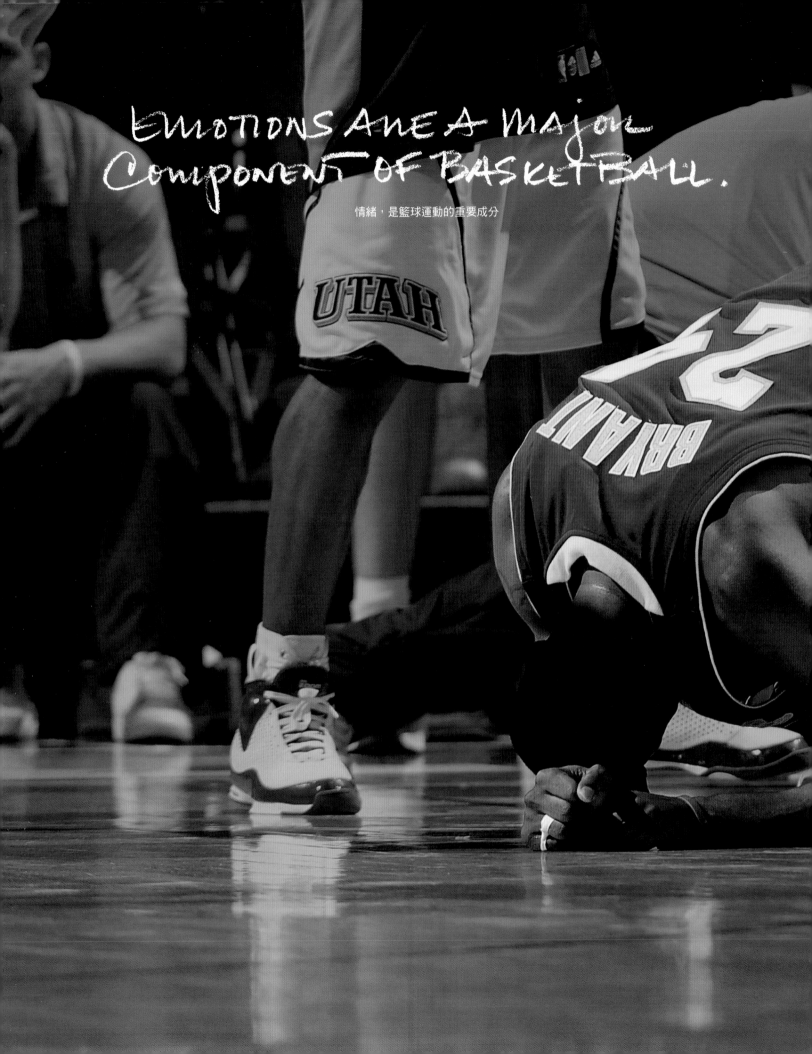

EMOTIONS ARE A MAJOR
COMPONENT OF BASKETBALL.

情緒，是籃球運動的重要成分

比賽充滿起伏──有好，有壞，還有不好不壞的。身邊這麼多紛紛擾擾，我必須學會讓心堅強如鋼，保持冷靜，不偏不倚。這並不是說我的情緒沒有起伏，而是我足夠警醒，會去重新校準，在事情失控之前穩定心神。我能用別人做不到的方法做到這件事，而這對我來說相當關鍵。

我享受肢體碰撞。

勒布朗的身高比我高，身形也比我厚實，但是我喜歡跟對手碰撞，比他喜歡多了。這點影響了我倆的正面對決。

防守我的時候，勒布朗不會用他的前臂緩衝，會直接使用身體，因為他已經習慣自己比所有人都強壯。但是遇上我，他的這項優勢反而對我有利。我喜歡肢體接觸，而我也知道怎麼用雙手逼他後退，創造出足夠的空間讓我緊貼著掩護的隊友切入。然後，當我再次把球帶到前場，他就會矯枉過正，而我就能往底線轉身跳投，或是直接切入。

到了某個時間點，等他在低位遇上我時，他會選擇繞前防守。我會一邊要位一邊逗他：「我才六呎五吋耶，幹嘛不讓隊友傳球給我？」他會說：「不行，我才不會上當。我不想讓你在這裡拿到球。」

隨著時間過去，我看著他在防守端日益成熟。他了解防守的意義與重要性。他知道球隊要拿冠軍，身為一哥的自己就必須擔起防守敵隊主將的重任。我總是防守最強的球員，也以此自豪。

LEBRON WOULDN'T CUSHION WITH HIS FOREARM —

勒布朗不會用他的前臂緩衝，

BUT I LIKE THE PHYSICALITY AND USE MY ARM TO MOVE HIM BACK.

但是我喜歡肢體接觸，我會用雙手逼他後退。

這並不難。

遇上這類防守陷阱，我必須讓自己持續成為對方的威脅。若能做到這點，我就能操弄防守者，宰制眼前的局面。

眼前的情況看起來如何？我將攻擊這兩個防守者，把他們吸引到底角。然後，弱邊就會騰出空間，供我的隊友進駐。大部分情況下，我會傳出助攻，或是靠著把球流轉到弱邊，傳出所謂的冰球助攻。另一個做法是，放慢腳步，引錢寧·弗萊（Channing Frye）靠近。得到有利角度之後，就可以直接過他，切入得兩分。

論及傳球，哪四個隊友跟我一起在場上，從來不是問題。倘若讓這個因素影響我的決策，防守方就佔得上風了。透過事前準備與影片研究，我在早上的投籃練習時就能告訴隊友們晚上的比賽應該站在哪裡。我可以告訴隊友，如果看到防守者做X，你們就做Y；如果看到防守者做Y，我們就做Z。這樣一來，我們——做為一個群體——總是能讓防守冰消瓦解。

西河很珍惜
「防守我」
這項挑戰。

反過來，我也很愛對他展現十八般武藝。其中一招是心理層面的：熟知對手。我知道他很好強，當時的他跟現在沒兩樣，所以一抓到機會就會試圖搧我火鍋。所以我會猛然做一個投籃假動作，然後買到他的犯規，或是擺脫他的防守。

年輕人畢竟是年輕人。他總得繳學費，而我就是來教育他的。

隨著比賽進行，我會慢慢對他使出一招一式。我的目的很簡單，要不就是在他頭上出手——我比他略高幾吋——要不就是把他引到場上對我有利的位置。在他的防守之下，我不想做太多無謂的運球。我會溜到低位或是罰球線兩側，然後耐心等候機會。

L: OKLAHOMA CITY THUNDER, May 19, 2012. R: OKLAHOMA CITY THUNDER, January 8, 2016

BRYANT VS WESTBROOK

I LOCK UP RUSSELL'S
RIGHT ARM WHERE
THE REFS CAN'T SEE —

裁判看不到的地方，我會鉗住他的右臂，

SO IF HE PICKS UP THE BALL
I'LL YANK JUST ENOUGH FOR
HIM TO FEEL IT.

只要他停球，我就稍微扯一下他的手臂，讓他有感就好。

剛進聯盟的西河跟現在差很多。

一開始，他其實不太會投籃。所以，要圍困他很容易。我知道他想把球帶到哪裡，於是可以先行踩住他的路徑。當他的跳投漸趨穩定，防守他就成了比較大的難題。此時，我會盡可能讓他打不順手。我會騷擾他。手臂，手肘，這裡拉扯一下，那裡擒抱一下。照片裡，在他運球的同時，我把他的右臂鉗住。如果他停球，我會稍微扯一下他的手臂，讓他有感的程度就好。這是裁判抓不到的小伎倆。接下來，他作戰的對象就是裁判，不是我。

另外，年輕時的他很不穩定。當時我都會退一步守他，讓他覺得在我面前跳投是個好主意。之後，他越來越常投進，我被迫拿出更多樣化的看防手段。到了那個時候，我真的必須苦思防守他的良策。我會試圖擾亂他的節奏。舉例而言，當他推進前場，打算來一記急停跳投，我會假裝往他那裡撲過去。這就會讓他改變想法，覺得不如一路切到籃下。但此時，我又會馬上退回去，把他的節奏打亂。

然而，要這樣做真的不簡單，尤其在他全力奔馳之際。跟勒布朗一樣，飆起來的西河可不是開玩笑的。所以，我們隊一把球投出去，我就必須馬上把他擋住。這成了「鬼抓人」一般的好玩遊戲。

西河持續進化，學習不輟。二十九歲那年，他造訪橘郡，我們每天清晨五點一起練幾小時球。在那個年紀，聯盟裡大部分的球員都覺得自己已經通曉關於籃球的一切。當時的西河想要強化低位單打的能力，訓練低位步法。他了解到那是個人進化的下一步，也是長久生涯的一大關鍵。

這就是重點：那種對於知識與進步的渴望與追求。於是，我們花了不少時間訓練低位步法，球季一開始，我馬上看見他在賽場上運用一些我們練過的招式。

L: NBA Championship Ring Ceremony, October 26, 2010. R: Training camp, September 27, 2010

費雪是天生的領袖。

有些領袖是天生的,有些是後天養成的。毫無疑問,德瑞克‧費雪(Derek Fisher)天生就有領導才能。從小岩城來洛杉磯報到的那天起,他對湖人來說一直是一股穩定軍心──而且能安定人心──的引導力量。

我想,他一部分的領袖技巧是與生俱來的,另一部分則是後天培養的,似乎可以歸功於他的家庭、他在阿肯色州的成長過程,以及他往最高層級攀登的道路。

姑且不管他那超凡的領袖特質從何而來,總之我樂意與費雪共赴戰場。

費雪持續精進自身球技,多年來大幅改善的一個面向就是他的投射。初入聯盟時,他在外圍表現平平。他很快了解到自己必須重新打造跳投,於是不屈不撓地鍛鍊。最終,他不只是成為一個優秀的射手而已──他成了一名狙擊手。

費雪真的非常善於持球,他盡好控球後衛的職責,穩妥護球,而且很少失誤。他在場上的決策力也十分優越。

然而,對球隊而言,費雪的價值絕非只是球技。他很有耐性,而我倆在很多方面互補。這就是我們兩人的組合如此致命的原因之一。

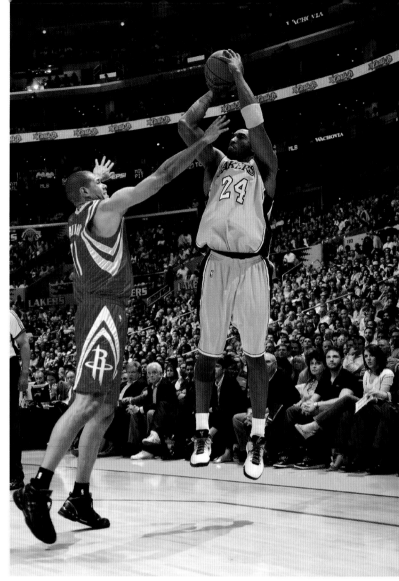

籃框不會動。

L: HOUSTON ROCKETS, May 10, 2009, Away. R: HOUSTON ROCKETS, May 4, 2009

186

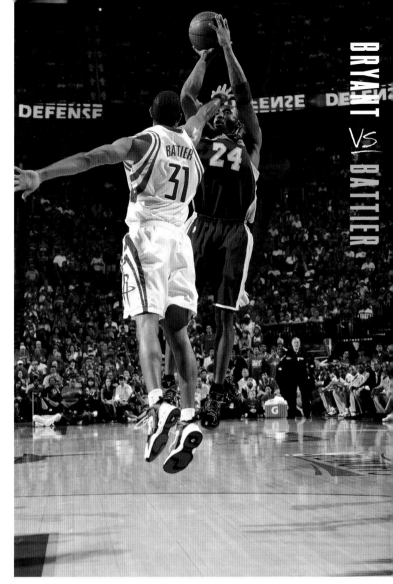

L: MIAMI HEAT, January 17, 2013. R: HOUSTON ROCKETS, May 10, 2009, Away

像尚恩·巴提耶（Shane Battier）這樣的球員在防守時用手遮我的臉，其實對我的影響不大。我相信自己可以在眼睛被遮住的狀況之下照投不誤。籃框不會動，只要肌肉記憶發揮效用就好了。不用看見籃框，我也能把球投進。

整體而言，尚恩是一個出色的防守球員。他也很聰明，聰明到知道講垃圾話會讓我爆氣。所以，尚恩逆向操作，故意宣揚說他守不住我。尚恩認為這樣做可以鈍化我的攻擊，取走一些優勢。但我看穿這個戰術，知道他只是策略性的謙遜，然後我依舊對他猛烈出擊。說起來，跟他對壘帶給我很多樂趣。

慈世平終於搞懂了：我們不一樣。

慈世平加入湖人隊不久，有天他來到體育館，發現我正在苦練。他覺得很詫異。我跟他說：「不然你覺得我們怎麼會拿到那麼多冠軍？」對此，慈世平提到陣中有不少猛將。我打斷他的話，告訴他：「你覺得隊上有歐登跟加索，現在又加上你，冠軍就是囊中之物嗎？如果這是你的想法，我跟你不會處得來。」

我讓他知道，我不在乎他在場外的所作所為或是惹上的麻煩，但是當他參與練球，當他踏上賽場，我要他全心全意投入。我要他在所有的訓練內容中展現競爭力，在每一分每一秒都付出努力，在每一場練習賽中都抱持必勝決心。他每天都現身，拚盡全力。於是我跟他之間未曾有過不睦。

跟我同隊過的球員裡，慈世平是最聰明的防守者之一。他擁有紮實的基本功、壯碩的體格、一雙快手與一雙快腿。更重要的是，他生性頑強。防守時的他就像咬到骨頭的狗——緊緊咬住，說什麼都不鬆口。

慈世平的目標是讓被他守到的人從場上蒸發。他想要擾亂對方，並使其心生怯意。在這方面，我們兩人玩得不亦樂乎。賽前，我們會討論今晚要封鎖哪個對象，好好電電他。談話內容大概是這樣：「前面五次持球你守，接下來五次持球我守。然後我們設陷阱引他進來，把他徹底擊垮。」

是的，我很愛跟慈世平一起打球。他有辦法承受，甚至會主動去求取我的「愛之深，責之切」。他想要我跟他挑明：「聽好，廢話少說。我們非奪冠不可，所以不要搞砸。」大部分的人不敢這樣對他。他們光是想到他的回應就會膽怯害怕。他知道我沒在怕，也因此對我特別敬重。

DOUBLED
DOWN 包夾

我會攻擊籃框——這不是秘密。我就是會這樣做。我享受那些挑
戰、那些碰撞、那些做決策的瞬間。為了回應我的強硬攻勢,對
手會丟出兩個、三個,甚至四個防守者,往我身上撲過來,包得
密不透風。

當他們這麼做,戰局就大致底定了,因為我得到控制權。我控制
了他們的行為以及整場比賽的流動。我能決定要硬上,還是回頭
尋找有空檔的外線射手。要跳到空中做出決策,很大部分必須仰
賴賽前研究對手個人與球隊的傾向。我知道誰會垂直起跳,讓我
上籃。同樣的,我也知道誰的球風比較粗暴,可能會犯我規或是
留下比較寬廣的傳球路徑。怎樣的打法比較聰明,取決於哪個球
員在籃下等待我。

L: ORLANDO MAGIC, June 3, 2009. Away. R: NEW YORK KNICKS, December 25, 2012

比籃球更深

保羅・蓋索就像我的親兄弟。長久的籃球生涯裡，跟我同隊過的球員不計其數。在這麼多人之中，保羅可以說是我最愛的隊友。

湖人隊在二〇〇八年球季透過交易得到保羅，我跟他一拍即合。我記得他一到飯店，我就去他的房間談話，彼此認識。當時成形的情誼，維持到今日依然不滅。

他是一個很有智慧的球員，非常講求細節。更重要的是，他有著寬闊的胸襟，還有強烈的求勝心。這就是我倆的共通語言。另一個共通語言是西班牙文，我想這也給了我們的友情正面的影響。整體而言，我們兩人在文化方面都相當多元。我們都熱衷於閱讀、音樂劇、歌劇與戲劇。我們之間的羈絆比籃球還深。

奪冠就是一切。

這真是地表最令人快樂的事情之一。那份感覺如癮頭催逼我要贏得更多。得到一座冠軍金盃之後，我想要兩座。得到兩座之後，我想要三座。

我想，參與球隊重建的過程也是這份動力的源頭，為了重返頂峰，我們掙扎數年，努力再努力。登頂之後，我想要更多成就。我永遠都不願再嚐到那餘味尚存的落敗滋味。

落敗之痛，
強度不下於勝利之喜。

我追求無懈可擊的球技。

不管你多熟悉我的打法，結局都一樣。不管我們連續多年對壘，或是曾經同隊一段時間，結局都一樣。沒有任何因素可以幫你守住我。

沒錯，你也許知道我習慣往哪個方向帶球。這終究沒有影響，因為往另一個方向帶球，對我來說一樣簡單。沒錯，你也許自認為摸透了我的韻律與節奏，但事實是——我沒有那種東西。我打球的一大重點就是，透過調整步調來讓防守者無法捉摸。基本上，越是自認了解我的打法，就越難把我守住。

你可以透過研究影片或是在訓練時多加留意，來指認球員的弱點或是某些細微變化。事實上，我隨時都在偵查隊友與對手。我會搞清楚他們的球技有多全面，他們的個性有多頑強，然後在當下找出他們的弱點。我會在腦中把這些資訊歸檔，留待跟這些人對戰時取用。

我在休季期間也會這麼做，隨美國隊出征時亦然。我以前常常嘲諷勒布朗跟杜蘭特，說他們缺乏低位單打的技巧。然而，值得嘉許的是，他們在這方面下足苦功，現在兩人到了低位都如魚得水。

比起傑出的球員，留名青史的偉大球員更善於自我評估，診斷弱點，並且把缺陷化為強項。

我忘了時間。

NBA生涯的最後一天，從辦公室開始。我在整理一些故事，還有處理一些令人興奮的未來計畫，準備收工的時候，我抬頭看看時間，發現應該動身了。

前往史坦波中心（Staples Center）的路途一如既往。這也許是第一千三百四十六趟，同時也是我個人最後一場NBA例行賽，但我覺得沒什麼不一樣。然而，球場的氛圍卻大大不同。當我抵達球館，館內彌漫一股強烈到幾乎可以觸摸的陰鬱能量。感覺起來有點哀戚，而我不喜歡那樣。我希望這一晚是一場慶典；我希望這一晚充滿生命力。然後我發現，要改變場內的氣氛，終究必須靠我。

穿上球衣，踏上球場，我感覺到雙腿的疲勞尚未復原。當下我就知道，這場比賽若不是史上最偉大的表現之一，就會是史上最糟糕的。這個念頭讓我會心一笑，因為我早就習慣拖著沉重無力的雙腿征戰。接著，我就上場打球了。

比賽開始，我拿出百分之百的專注力，任何一絲關於引退戰的念頭全都煙消雲散。比賽就是比賽——作為職業球員的我，幾乎每一天都在比賽。這場比賽成了我精通嫻熟的、那種涉及智謀與策略的比賽，關於對位，關於有利位置，關於優勢與劣勢的比賽，我一直在打的，一直愛著的，宛若棋局的比賽。

乘著籃球的
羽翼翱翔

籃球比賽給了我所有想像得到的機會，而我一路上學得的東西難以估量。我所說的不只限於場上。沒有籃球，我不會懂得如何創作或書寫，我不會了解人性，也不會知道怎麼領導。

基本上，籃球比賽教會了我「說故事的技藝」。沒有籃球，我不會拿到艾美獎，我不會贏得奧斯卡，我不會擁有正在發展中的創作之夢。

是的，籃球把我帶到全世界。現在，我要把籃球帶到全世界。

C. 1999, Great Western Forum, Inglewood, California

代表性數字

33,643

生涯例行賽總得分

史上排名第三，僅次於卡里姆‧阿布都‧
賈霸以及卡爾‧馬龍（Karl Malone）。
生涯累計超過兩萬五千分、六千籃板，
以及六千助攻的球員，除了柯比之外僅有
三人：奧斯卡‧羅伯森、約翰‧哈維切克
（John Havlicek）與勒布朗‧詹姆士。

81

分

NBA史上第二高的單場得分，也是聯盟從一九七九年引進三分線之後的單場最高得分。

37

歲

柯比在引退戰轟下60分的年紀。60分也是二〇一五到二〇一六球季的單場最高得分。

20

季

全都奉獻給湖人隊。NBA史上後衛效力於單一球隊的最長紀錄。

18

歲

柯比首次在NBA賽場擔任先發。

柯比成為NBA史上最年輕灌籃大賽冠軍。

柯比成為NBA史上在季後賽得分的最年輕球員。

5

冠

柯比生涯總冠軍數，包括二〇〇〇年、二〇〇一年與二〇〇二年的三連霸，以及二〇〇九年和二〇一〇的兩次冠軍。

球衣號碼

於洛杉磯湖人隊退休：8號與24號

冠軍賽最有價值球員殊榮

聯盟得分王

連續兩年

奧運金牌

兩次代表美國隊，兩次奪金

CHRONOLOGY 年表

一九九六年，六月二十六日
布萊恩於選秀會的第十三順位被夏洛特黃蜂隊選中，五天後被交易至洛杉磯湖人隊。

一九九六年，十一月三日
布萊恩以十八歲又七十二天之齡，成為史上在NBA賽場出賽的球員中最年輕的一位。

一九九八年，二月八日
在球迷的票選之下，布萊恩成為聯盟史上最年輕入選全明星賽的球員，並且攻下西區明星隊全隊最高的十八分。

二〇〇〇年，六月十四日
總冠軍賽第二戰踝傷退場之後，布萊恩於第四戰復出，投進三記關鍵進球，包含讓球隊反超比數的補籃，幫助湖人於延長賽擊敗溜馬，系列賽取得三比一領先。五天之後，布萊恩拿下生涯第一座冠軍金盃。

二〇〇一年
湖人隊以四比一擊退七六人隊，完成二連霸。

二〇〇二年
湖人隊重返冠軍決賽，橫掃紐澤西籃網，完成三連霸。

二〇〇三年，二月
布萊恩當月的平均得分高達40.6分。

二〇〇五年
湖人隊在五年內第四度叩關總冠軍，但四比一不敵底特律活塞隊。

二〇〇八年
帶著右手食指的嚴重傷勢，布萊恩率領湖人隊取得西區最佳的例行賽戰績，獲選聯盟最有價值球員。他也在過程中成為湖人隊史得分最高的球員。湖人隊再次打入總冠軍賽，以四比二不敵賽爾提克隊。

二〇〇八年，六月
布萊恩與美國的「救贖之隊」拿下北京奧運金牌。

二〇〇九年
湖人隊再闖總冠軍賽，四比一擊退奧蘭多魔術隊奪冠。布萊恩獲選冠軍賽最有價值球員。

二〇一〇年
史詩級的總冠軍系列賽之後，布萊恩生涯第五冠入袋，也第二度獲得總冠軍賽最有價值球員之殊榮。他在第七戰幫助湖人隊克服下半場十三分的落後，成功擊退賽爾提克，報了一箭之仇。

二〇一三年，四月十二日
布萊恩在對戰勇士隊時弄斷阿基里斯腱。

二〇一四年，十二月十四日
布萊恩生涯總得分超越麥可·喬丹的三萬兩千兩百九十二分，成為NBA史上總得分排名第三高的球員。

二〇一五年，十一月二十九日
柯比宣布自己將於球季結束退休。

二〇一六年，四月十三日
NBA生涯最後一場比賽，面對猶他爵士隊，柯比砍下驚人的60分，包括第四節的23分，幫助球隊以五分之差拿下勝利。

2000

柯比嚴重扭傷腳踝的總冠軍賽第二戰，與俠客歐尼爾並肩作戰。

1996

2001

2010

左圖：總冠軍賽第二戰，在賽爾提克的防守下攻擊籃框。右圖：前往白宮，跟德瑞克·費雪一起贈送球衣給歐巴馬總統。

2016

2008

2013

在史坦波中心對戰勇士隊，弄斷阿基里斯腱。

柯比倒下的那刻，
史坦波中心第一次那麼安靜。

他抓著腳踝的後方，拉著那條已經不在的阿基里斯腱，試著把它重新接回去。那情景簡直像是戰神阿基里斯本人倒下一樣，巔峰慘遭攔腰斬斷，死命抓著可能不會再反彈的職業生涯。但是，倘若真的有人可以從那麼嚴重的傷勢中復出，非柯比莫屬。他的決心與專注力超乎常理；他對比賽的投入近乎虔誠。不然怎麼可能會有人在引退戰狂砍60分？

一九九六年十月，我幫柯比拍攝新人大頭照（請見205頁）。這個稚氣未脫的十八歲菜鳥渾身是勁，有著強烈的好奇心。柯比觀察所有的人、事、物。他擁有那個年紀的孩子通常不會有的專注與動力。當時我三十八歲，剛剛成了兩個孩子的爸。而我即將目睹這個被許多人稱為下一個麥可·喬丹的年輕男子成為獨一無二的柯比·布萊恩。

柯比與俠客聯手拿下的三座冠軍深具歷史意義：男人對上男孩，打著截然不同的比賽。那個年代的湖人是無敵的。而就是在榮耀的旋風——以及後來的挫敗——之中，柯比長大成為一個男人。

那個九六年梯的莽撞菜鳥一向好勝，就連練習也不例外。他輸不得。隨著生涯展開，他帶著這份對完美的堅忍追求——學院式的執著——形塑出自己作為領袖的獨特人格。在休息室與診療室裡，柯比常常發言。但他也懂得躲到安靜的角落，為眼前的比賽做心理準備。等到他在美國隊跟全明星賽都被視為老大哥時，手握豐功偉業的柯比已經能夠激勵隊友，並且可以讓自己堅強得像一位武僧。

但是，很少人見識到柯比的另一面：整個生涯之中，幾乎每一場主場比賽——還有許多客場比賽——之後，對於喜願基金會的要求，他總是來者不拒。我有幸紀錄幾個那樣的夜晚，柯比為了孩童以及他們的家人化身另一種英雄——他知道籃球運動的影響力深遠，不只是輸贏而已。在堅毅的決心背後，柯比有著溫柔且清醒的憐憫之心。

年復一年，比賽一場又一場，只有少數幾個NBA球員能讓攝影師怎樣拍都拍不膩。這個名單非常短：魔術強森、麥可·喬丹，以及柯比。生涯早期，柯比是一台灌籃機器。猶記得當年，要是賽後沒能帶三到四張柯比灌籃的照片回家，我就大失所望。隨著歲月過去，那份對於搶眼進球方式的熱切之情漸漸消退。場上的柯比仍然是攝影鏡頭瞄準的絕佳對象，但拍攝柯比的樂趣轉為捕捉他的情緒強度與熱情，捕捉他打法中的細膩與幽微，捕捉能真正讓他熱血沸騰的史詩級對決。

場下，我有幸與柯比發展出一段根植於相互尊敬與信任的友好關係。在一旁默默觀察二十年，這是生命裡一段很長的時間——尤其在籃球這項運動之中。但柯比明白我有必須完成的工作，而我也知道如何尊重他的隱私與個人空間。成果就是，我比誰都更清楚看見這位傳奇球員的生涯。當柯比走下球場，他以另一種身分回到球迷眼前：現在的他是一位老師，思索著自己一手改變的籃球運動，分享得來不易的智慧。

——安德魯·D·伯恩斯坦（ANDREW D. BERNSTEIN）

中英人名對照

Allen Iverson	艾佛森	Jerry West	傑瑞・威斯特	Richard Hamilton	理察・漢彌爾頓
Andre Iguddala	安德烈・伊古達拉	John Havlicek	約翰・哈維切克	Ron Harper	朗・哈潑
Andrew Bernstein	安德魯・伯恩斯坦	Jordan Clarkson	喬丹・克拉克森	Ruben Patterson	魯本・帕特森
Barrence Baytos	巴倫斯・貝托斯	Judy Seto	司徒敏儀	Sam Jones	山姆・瓊斯
Bill Rusell	比爾・羅素	Kareem Abdul-Jabba		Shane Battier	尚恩・巴提耶
Bob Cousy	鮑伯・庫西		卡里姆・阿布都・賈霸	Shaquille O'Neal	「俠客」歐尼爾
Bruce Bowen	布魯斯・包溫	Karl Malone	卡爾・馬龍	Shawn Marion	尚恩・馬里安
Byron Scott	拜倫・史考特	Kendrick Perkins	肯德瑞克・帕金斯	Staples Center	史坦波中心
Carmelo Anthony	卡梅羅・安東尼	Kevin Durant	杜蘭特	Steve Kerr	史帝夫・柯爾
Caron Butler	卡隆・巴特勒	Kevin Garnett	凱文・賈奈特	Tex Winter	泰克斯・溫特
Channing Frye	錢寧・弗萊	Lamar Odom	拉瑪・歐登	Tim Duncan	提姆・鄧肯
Chris Paul	克里斯・保羅	Larry Brown	賴瑞・布朗	Tony Allen	東尼・艾倫
Clyde Drexler	克萊德・崔斯勒	Larry Nance Jr	賴瑞・南斯二世	Tracy McGrady	崔西・麥葛瑞迪
Cuttino Mobley	卡提諾・莫布里	Luke Walton	盧克・華頓	Vince Carter	文斯・卡特
D'Angelo Russell	德安傑洛・羅素	Magic Johnson	魔術強森		
Dennis Rodman	丹尼斯	Metta World Peace	慈世平		
Derek Fisher	德瑞克・費雪	Mike Krzyzewski	麥克・沙舍夫斯基		
Dikembe Mutombo	迪肯貝・穆湯波	Oscar Robertson	大O		
Draymond Green	卓雷蒙・格林	Pat Riley	派特・萊里		
Dwyane Wade	韋德	Pau Gasol	保羅・蓋索		
Elgin Baylor	艾爾金・貝勒	Paul Pierce	皮爾斯		
Gary Payton	蓋瑞・裴頓	Phil Jackson	菲爾・傑克森		
Gary Vitti	蓋瑞・維提	Phil Knight	菲爾・奈特		
Gregg Popovich	格雷格・波波維奇	Raja Bell	拉加・貝爾		
Hakeem Olajuwon	歐拉朱萬	Rajon Rondo	拉簡・朗多		
James Harden	詹姆士・哈登	Rasheed Wallace	拉席德・華勒斯		
James Naismith	詹姆士・奈史密斯	Ray Allen	雷・艾倫		
James Worthy	詹姆斯・沃錫	Reggie Miller	瑞吉・米勒		

安德魯・D・伯恩斯坦的攝影作品散見於全球上千份報刊與雜誌封面。伯恩斯坦長期擔任洛杉磯湖人隊的專用攝影師，也是NBA的資深攝影師。他在二〇一八年獲頒奈史密斯籃球名人堂柯爾高迪媒體獎。他定期現身ESPN的世界體育中心以及其他全國性的電視與廣播節目。

柯比・布萊恩是史上成就最高的知名運動員之一。二十年的職業生涯之中——只效力於洛杉磯湖人隊——他贏得五枚NBA冠軍戒指，拿到兩面奧運金牌，十八度入選全明星賽，四度獲選全明星賽最有價值球員，其他成就極多，不勝枚舉。布萊恩於二〇一六年高掛球鞋。他與妻子凡妮莎以及三個女兒住在南加州。他堅稱